PROCÈS

DE

PAUL-LOUIS COURIER,

VIGNERON DE LA CHAVONNIÈRE,

CONDAMNÉ LE 28 AOUT 1821,

A L'OCCASION

DE SON DISCOURS SUR LA SOUSCRIPTION DE CHAMBORD.

PARIS,

CHEZ TOUS LES MARCHANDS DE NOUVEAUTÉS.

1821.

PROCÈS

DE

PAUL-LOUIS COURIER,

VIGNERON DE LA CHAVONNIÈRE.

Assez de gens connaissent la brochure intitulée *Simple discours*. Lorsqu'elle parut, on la lut ; et déjà on n'y pensait plus, quand le gouvernement s'avisa de réveiller l'attention publique sur cette bagatelle oubliée, en persécutant son auteur qui vivait aux champs loin de Paris. Le pauvre homme, étant à labourer un jour, reçut un long papier signé *Jaquinot de Pampelune*, dans lequel on l'accusait d'avoir offensé la morale publique, en disant que la cour autrefois ne vivait pas exemplairement ; d'avoir en même temps offensé la personne du Roi, et de ce non content, provoqué à offenser ladite personne. A raison de quoi Jaquinot proposait de le mettre en prison et l'y retenir douze années, savoir : deux ans pour la morale, cinq ans pour la personne du Roi, et cinq pour la provocation. Si jamais homme tomba des nues, ce fut Paul-Louis, à la lecture de ce papier timbré. Il quitte ses bœufs, sa charrue, et s'en vient courant à Paris, où il trouva tous ses amis non moins surpris de la colère de ce monsieur de Pampelune, et en grand émoi la plupart. Il n'alla point voir Jaquinot, comme lui conseillaient quelques - uns, ni le substitut de Jaquinot, qu'on lui recommandait de voir aussi, ni le président, ni les juges, ni leurs suppléans, ni leurs clercs, non qu'il ne les crût honnêtes gens et de fort bonne compagnie, mais c'est qu'il n'avait point envie de nouvelles connaissances. Il se tint coi; il attendit, et bientôt il sut que Jaquinot, ayant dû premièrement faire approuver son accusation par un tribunal, ne sais quel, les juges lui avaient rayé l'offense à la personne du Roi et la provocation d'offense. C'était le meilleur et le plus beau de son papier *réquisitoire;* chose fâcheuse pour Pampelune; bonne affaire pour Paul-Louis, qui en eut la joie qu'on peut croire, se voyant acquitté par là de dix ans de prison sur douze, et néanmoins encore inquiet de ces deux qui restaient, se fût accommodé à un an avec Jaquinot pour n'en entendre plus parler, s'il n'eût trouvé Maître Berville, jeune avocat déjà célèbre, qui lui défendit de transiger, se faisant fort de le tirer de là. Votre cause, lui disait-il, est imperdable de tout point; il n'y en eut jamais de pareille, et je défie M. Reglet de faire un jury qui vous condamne. Où M. Reglet trouvera-t-il douze individus qui déclarent que vous offensez la morale en copiant les prédicateurs ? que vous corrompez les mœurs publiques en blâmant les mœurs corrompues et la dépravation des cours? Reglet n'aura jamais douze hommes qui fassent cette déclaration, qui se chargent de cet opprobre. Allez, bonhomme, laissez-moi faire, et si l'on vous condamne, je me mets en prison pour vous.

Paul-Louis toutefois doutait un peu. Maître Berville, se disait-il, est dans l'âge où l'on s'imagine que le bon sens et l'équité ont quelque part aux affaires du monde, où l'on ne saurait croire encore

> Les hommes assez vils, scélérats et pervers
> Pour faire une injustice aux yeux de l'univers (1).

Or, comme dans cette opinion qu'il a du

______

(1) Molière.

monde en général, il se trompe visiblement, il pourrait bien se tromper aussi dans son opinion sur le cas particulier dont il s'agit. Ainsi raisonnait Paul-Louis, et cependant écoutait le jeune homme bien disant, auquel à la fin il s'en remet, lui confiant sa cause imperdable. Il la perdit, comme on va voir; il fut condamné tout d'une voix, déclaré coupable du fait et des circonstances par les jurés, choisis, triés, tous gens de bien, propriétaires, ayant, dit-on, *pignon sur rue*, et de probité non suspecte. Mais, par la clémence des juges, il n'a que pour deux mois de prison : cela est un peu différent des douze ans de maître Jaquinot, qui, à ce que l'on dit, en est piqué au vif, et promet de s'en venger sur le premier auteur, ayant quelque talent, qui lui tombera entre les mains. De fait, pour un écrit tel que le *Simple discours*, goûté aussi généralement et approuvé de tout le monde, on ne pouvait guère en être quitte meilleur marché aujourd'hui.

Ce fut le 28 août dernier, au lieu ordinaire des séances de la Cour d'assises, que, la cause appellée, comme ont dit au barreau, l'accusé comparut. La salle était pleine. On jugea d'abord un jeune homme qui avait fait quelques sottises, à ce qu'il paraissait du moins, ayant perdu tout son argent dans une maison privilégiée du Gouvernement, avec des femmes protégées, taxées par le Gouvernement, après quoi le Gouvernement accusa Paul-Louis vigneron d'offense à la morale publique, pour avoir écrit un discours contre la débauche. Mais il faut conter tout par ordre. On lut l'acte d'accusation, puis le président prit la parole et interrogea Paul-Louis.

Le président. Votre nom ?

Courier. Paul-Louis Courier.

Le président. Votre état ?

Courier. Vigneron.

Le président. Votre âge ?

Courier. Quarante-neuf ans.

Le président. Comment avez-vous pu dire que la noblesse ne devait sa grandeur et son illustration qu'à l'assassinat, la débauche, la prostitution ?

Courier. Voici ce que j'ai dit : Il n'y a pour les nobles qu'un moyen de fortune et de même pour tous ceux qui ne veulent rien faire : ce moyen, c'est la prostitution. La cour l'appelle galanterie. J'ai voulu me servir du mot propre, et nommer la chose par son nom.

Le président. Jamais le mot de galanterie n'a eu cette signification. Au reste, si l'histoire a fait quelques reproches à des familles nobles, ils peuvent également s'appliquer aux familles qui n'étaient pas nobles.

Courier. Qu'appelez-vous reproches, M. le président ? Tous les Mémoires du temps vantent cette galanterie, et la noblesse en était fière comme de son plus beau privilége. La noblesse prétendait devoir seule fournir des maîtresses aux princes, et quand Louis XV prit les siennes dans la roture, les femmes titrées se plaignirent.

Le président. Jamais l'histoire n'a fait l'éloge de la prostitution.

Courier. De la galanterie, M. le président, de la galanterie.

Le président. Vous avez employé le mot de prostitution. Vous savez ce que vous dites. Vous êtes un homme instruit. On rend justice à vos talens, à vos rares connaissances.

Courier. J'ai employé ce mot faute d'autre plus précis. Il en faudrait un autre. Car, à dire vrai, cette espèce de prostitution n'est pas celle des femmes publiques. Elle est bien différente et infiniment pire.

Le président. Comment la souscription pour S. A. R. Mgr. le duc de Bordeaux ne vous a-t-elle inspiré que de pareilles idées?

Courier. Dans ce que j'ai écrit, il n'y a rien contre la Famille royale.

Le président. Aussi n'est-ce pas de quoi l'on vous accuse ici.

Courier. C'est qu'on ne l'a pas pu, M. le président. On eût bien voulu faire admettre cette accusation. Mais il n'y a pas eu moyen. On cherchait un délit plus grave; on n'a trouvé que ce prétexte d'offense à la morale publique.

Le président. Vous insultez une classe, une partie de la nation.

Courier. Je n'insulte personne. J'ai parlé des ancêtres de la noblesse actuelle, dans laquelle je connais de fort honnêtes gens qui ne vont point à la cour. J'en ai vu à l'armée faire comme les vilains, défendre leur pays. Serait-ce insulter les Romains de dire que leurs aïeux furent des voleurs, des brigands? Ferais-je tort aux Américains si je les déclarais descendus de malfaiteurs et de gens condamnés à la déportation? J'ai voulu montrer l'origine des grandes fortunes dans la noblesse, et de la grande propriété.

Le président. Vous avez outragé tout le corps de la noblesse, l'ancienne et la nouvelle, et vous ne respectez pas plus l'une que l'autre.

Courier. Sans m'expliquer là-dessus, je vous

ferai remarquer, M. le président, que j'ai spécifié, particularisé la noblesse de race et d'antique origine.

Le président. Eh bien, dans l'ancienne noblesse, il y a des familles sans tache, qui ne doivent rien aux femmes : les Noailles, les Richelieu.

Courier. Les Richelieu ! Tout le monde sait l'histoire du pavillon d'Hanovre, et de la guerre d'Allemagne. Madame de Pompadour étant premier ministre....

Le président. Assez ; point de personnalités.

Courier. Je réponds à vos questions, M. le président. Sans madame de Maintenon, les Noailles....

Le président. On ne vous demande pas ces détails historiques.

Courier. La prostitution, M. le président ; toujours la prostitution.

Le président. Les faveurs de la cour s'obtiennent sur le champ de bataille, par des services....

Courier. Par les femmes, M. le président.

Le président. Votre décoration de la légion d'honneur, l'avez vous donc eue par les femmes ?

Courier. Ce n'est pas une faveur, et je n'ai pas fait fortune : il s'agit des fortunes. Je n'ai jamais eu rien de commun avec la cour, et puis je ne suis pas noble.

Le président. Vous avez la noblesse personnelle, vous êtes noble.

Courier. J'en doute, M. le président, permettez-moi de vous le dire; je doute fort que je sois noble. Mais enfin, je veux bien m'en rapporter à vous.

(A chaque réponse de l'accusé il s'élevait dans l'assemblée un murmure qui peu à peu se changeait en applaudissemens. L'avocat-général crut devoir mettre ordre à cela. M. le président, dit-il, ce bruit est contraire à la loi.)

Le président. Messieurs, point d'applaudissemens. Vous n'êtes pas au spectacle. Je ferai sortir d'ici tous les perturbateurs. — Prévenu, vous avez dit que la cour mangerait Chambord.

Courier. Oui. Qu'y a-t-il en cela qui offense la morale?

Le président. Mais, qu'entendez-vous par la cour?

Courier. La définir serait difficile. Toutefois je dirais que la cour est composée des courtisans, des gens qui n'ont point d'autre état que de faire valoir leur dévouement, leur soumission respectueuse, leur fidélité inviolable.

Le président. Il n'y a point chez nous de courtisans en titre. La cour, ce sont les généraux, les maréchaux, les hommes qui entourent le Roi. Et que veut dire encore : les prêtres donnent tout à Dieu ? Cela est contre la religion.

Courier. Contre les prêtres tout au plus. Ne confondons point les prêtres avec la religion, comme on veut toujours faire.

Le président. Les prêtres sont désintéressés ; ils ne veulent rien que pour les pauvres.

Courier. Oui, le Pape se dit propriétaire de la terre entière. C'est donc pour la donner aux pauvres. Au reste, ce que j'ai écrit n'offense pas même les prêtres ; car il signifie simplement : les prêtres voudraient que tout fût consacré à Dieu.

Après cet interrogatoire, où le public ne parut pas un seul moment indifférent, l'avocat-général, maître Jean de Broë, prit la parole, ou pour mieux dire prit son papier, car il lisait. C'est un homme de petite taille, qui parle des grands magistrats, et assure que la noblesse leur appartient de droit avec ce qui s'ensuit, honneurs et priviléges, d'où l'on peut sans faute conclure que dans cette affaire, croyant plaider sa propre cause et combattre pour ses foyers, il y aura mis tout son savoir. Il prononça un discours long, et que peu de gens auront lu imprimé dans le *Moniteur*, mais que personne ne comprendrait si on le rapportait ici, tant les pensées en sont obscures, le langage impropre. C'est vraiment une chose étrange à concevoir que cette barbarie d'expression dans les apôtres du grand siècle. Les amis de Louis XIV ne parlent pas sa langue. On entend célébrer Bossuet, Racine, Fénélon en style de Marat, et la cour polie en jargon des antichambres de Foucher. Il y en a chez qui cette bizarrerie passe toute créance ; et si je citais une phrase comme celle-ci, par exemple : *Qui profitera d'un bon coup? Les honnêtes gens? Laissez donc. Ils sont si bêtes !* vous la croiriez de quelque valet, et des moins *éduqués*. Elle est du marquis de Castel Bajac, imprimée sous son nom dans le *Conservateur*. Ainsi parlent ces gens nés autrement que nous, c'est-à-dire, bien nés, qui se rangent à part avec quelque raison ; classe privilégiée, supérieure, distinguée. Voilà leur langage familier. Veulent-ils s'exprimer noblement ? ce ne sont qu'altesses, majestés, excellences, éminences. Ils croyent que le style noble est celui du blason. Malheur des courtisans, ne point connaître le peuple, qui est la source de tout bon sens. Ils ne voient en leur vie que des grands et des laquais, leur être se compose de manières et de bassesses.

Je dis donc, revenant à maître de Broë, que pour ceux qui l'emploient,

C'est un homme impayable, et qui par son adresse,
Eût fait mettre en prison les sept sages de Grèce

comme mauvais sujets, perturbateurs. Sa prose est bonne pour les jurés, s'ils sont amis de M. Reglet. Mais à moins de cela, on ne saurait y prendre plaisir. Son discours, qui d'abord ennuie dans la *Gazette officielle*, assomme au second paragraphe; et par cette considération, je renonce à le placer ici, comme je voulais, si je n'eusse craint d'arrêter tout court mes lecteurs. Car, qui pourrait tenir à ce style: *Un exécrable forfait avait privé la France d'un de ses meilleurs princes. Un espoir restait toutefois. Un prodige, une royale naissance, bien plus miraculeuse que celle dont nos ayeux furent témoins, se renouvella. Un cri de reconnaissance et d'admiration se fit entendre. Une antique et auguste habitation avait fait partie des apanages de la couronne. Une pensée noble se présenta tout à coup, et elle fut répétée; elle fut suivie de l'exécution; ce fut à l'amour qu'un appel fut adressé.*

Ouf! demeurons-en là sur l'appel à l'amour. Si vous ne dormez pas, cherchez-moi, je vous prie, par plaisir inventez, imaginez quelque chose de plus lourd, de plus maussade et de plus monotone que cette psalmodie de maître de Broë, par laquelle il exprime pourtant son allégresse. L'auteur de la brochure n'y a point mis d'allégresse, dit maître de Broë, qui, pour cette omission, le condamne à la prison. Lui, de peur d'y manquer, il commence par là, et d'abord se réjouit.

D'aise on entend sauter la pesante baleine (1).

Mais il a un peu l'air de se réjouir par ordre, par devoir, par état, et on lui dirait presque, comme le président disait à Paul-Louis : Sont-ce là les pensées qu'a pu vous inspirer la royale naissance? Est-ce ainsi que le cœur parle ? une si triste joie, un hymne si lugubre, sont plus suspects que le silence. Ne poussons pas trop cet argument de peur d'embarrasser le pauvre magistrat. Car il ne faudrait rien pour faire de son allégresse une belle et bonne offense à la morale publique, et même à la personne du prince, s'il est vrai

. . . . qu'un froid panégyrique
Déshonore à-la-fois le héros et l'auteur.

____

(1) Homère.

Abrégeons son discours, au risque de donner quelque force à ses raisons, en les présentant réunies. Voici ce notable discours brièvement, compendieusement traduit de *baragouin* en français, comme dit Panurge.

Il commence par son commencement. Car on assure qu'il n'en a qu'un pour toutes les causes de ce genre : le duc de Berry est mort; le duc de Bordeaux est né. On a voulu offrir Chambord au jeune prince. Éloge de Chambord et de la souscription.

A cet exorde déjà long, et qui remplirait plusieurs pages, il en fait succéder un autre non moins long, pour fixer, dit-il, *le terrain*, c'est-à-dire le point de la question, comme on parle communément.

Il ne s'agit pas d'un impôt dans la souscription proposée pour l'acquisition de Chambord, et le mot même indique un acte volontaire. De quoi donc s'avise Paul-Louis de contrarier la souscription, qui ne l'oblige point, ne lui coûtera rien? C'est fort mal fait à lui. Cela le déshonore. *Vous ne voulez pas souscrire? eh bien, ne souscrivez pas. Qui vous force?* Un moment, de grâce entendons-nous, M. l'avocat-général. Je ne souscrirai pas, sans doute, si je ne veux; car je n'ai point d'emploi, de place qu'on me puisse ôter. Je ne cours aucun risque, en ne souscrivant pas, d'être *destitué*. Mais je payerai pourtant, si ma commune souscrit; je payerai malgré moi, si mon maire veut faire sa cour à mes dépens. Et quand je dis doucement : *je ne veux pas payer*, vous, maître de Broë, vous criez: *en prison* ; ajoutant que je suis maître, qu'il dépend bien de moi, que la souscription est toute volontaire, que ce n'est pas un impôt. Comment l'entendez-vous ?

Or, cette *pensée noble*, cette *récompense noble*, cette *souscription noble* et libre comme on voit, l'auteur entreprend de l'arrêter. Il veut empêcher de souscrire les gens qui en seraient tentés, *paralyser l'élan*, *glacer l'élan des cœurs un peu plus généreux que le sien*, tandis que maître Jean, par de nobles discours, chauffe l'élan des cœurs. Mais ne le copions pas; j'ai promis de le traduire et de l'abréger surtout, afin qu'on puisse le lire.

Voilà l'objet de la brochure. Elle est écrite contre l'*élan*, et on ne saurait s'y méprendre. Puis il y a des accessoires, des diatribes contre les Rois, les prêtres et les nobles.

Il est vrai que l'auteur ne parle pas des prêtres, ou n'en dit qu'un seul mot bien simple, et que partout il loue les princes. Mais ce sont des *parachutes.* Il ne pense pas ce qu'il dit des princes, et pense ce qu'il ne dit pas des prêtres.

Deux remarques ensuite : 1° l'auteur ne s'afflige point de la mort du duc de Berry, ne se réjouit point de la naissance du duc de Bordeaux. Il n'a pas dit un mot de mort ni de naissance. Il n'y a *ni allégresse ni désolation* dans sa brochure; 2° L'auteur parle du jeune prince comme d'un enfant à la mamelle. Il dit *le maillot* simplement sans dire *l'auguste maillot*, la *bavette*, et non pas la *royale bavette*. Il dit, chose horrible, de ce prince qu'un jour *son métier sera de régner.*

Après s'être étendu beaucoup sur tous ces points, maître de Broë déclare enfin qu'il ne s'agit pas de tout cela. Ce n'est pas là-dessus que porte l'accusation, dit-il. On n'attaque pas le fond de la brochure, ni même les accessoires dont nous venons de parler, mais des propositions incidentes seulement. Là-dessus il s'écrie : *Voilà le terrain fixé.*

Puis il entame un autre exorde.

Dans les affaires de cette nature on n'examine que les passages déterminés suivant la loi par l'acte même d'accusation. Or, il y en a quatre ici.

La loi est fort insuffisante. *Les écrivains sont si adroits,* qu'ils échappent souvent au procu-

reur du Roi. Il faut *leur appliquer, d'une ma-*
nière frappante, la loi (style de Broë). *La liberté*
d'écrire jouit de tous ses droits ; elle est libre
(Broë tout pur), bien qu'elle aille en prison quelquefois. *Elle enjambe sur la licence* (Broë! Broë!)
par l'excessive indulgence des magistrats.

On avait d'abord essayé dans le premier requi-
sitoire d'accuser l'auteur de cet écrit d'offense à la
personne du Roi. On y a renoncé par réflexion.

Vient enfin l'examen des passages inculpés,
dont le premier est celui-ci :

« Car la cour donne tout au prince, comme
» les prêtres tout à Dieu, et ces domaines, ces
» apanages, ces listes civiles, ces budgets ne sont
» guère autrement pour le Roi que le revenu
» des abbayes n'est pour Jésus-Christ. Achetez,
» donnez Chambord, c'est la cour qui le man-
» gera, le prince n'en sera ni pis ni mieux ».

Les prêtres tout à Dieu! Ah oui, demandez
aux pauvres. Tirade d'éloquence. Les abbayes!
Oh! non. Il n'y a plus d'abbayes. Tirade de haut
style sur la révolution. De morale pas un mot,
ni des phrases inculpées.

Le second passage est celui-ci :

» Mais à Chambord, qu'apprendra-t-il? Ce que
» peuvent enseigner et Chambord et la cour. Là
» tout est plein de ses aïeux. Pour cela précisé-

» ment je ne l'y trouve pas bien ; et j'aimerais
» mieux qu'il vécût avec nous qu'avec ses an-
» cêtres..... »

Maître de Broë n'examine point non plus ce passage, ni ce qu'il peut avoir de contraire à la morale.
Il le cite et le laisse-là, sans autrement s'en occu-
per. Mais dit-il, ensuite de ces phrases, il y en
a d'autres horribles. Il ne les lira pas parce qu'il
n'en est point parlé dans l'acte d'accusation. Cependant elles sont horribles. Beau mouvement
d'éloquence à propos de ces phrases, dont il n'est
pas question et qu'on n'accuse pas. L'auteur, dit
maître Jean, représente nos Rois ou du moins
quelques-uns, comme ayant mal vécu et donné en
leur temps de fort mauvais exemples. Il les peint
corrompus, dissolus, pleins de vices, et condamne *leurs déportemens* sans avoir égard *aux
convenances*. Les tableaux qu'il en fait (non de
sa fantaisie, mais d'après les histoires) sont scandaleux d'abord, et en outre *immoraux, licencieux,
déshonnêtes*. Le scandale abonde de nos jours et
la brochure y ajoute encore, mettant les vieux
scandales à côté des nouveaux. Chapitre le plus
long de tous et le meilleur par conséquent sur la
différence qu'il y a de l'historien au pamphlétaire,
qu'il appelle aussi libelliste. L'un peut dire la vérité, parce qu'il fait de gros volumes qu'on ne lit

pas.L'autre ne doit pas dire vrai, parce qu'on le lit en petit volume. L'auteur de la brochure va vous conter qu'il a copié les historiens, *mensonge, Messieurs, mensonge odieux, aussi dangereux que coupable*. Car l'histoire n'est pas toute dans sa brochure. Il devait copier tout ou rien. Il montre le laid, cache le beau. Louis eut des bâtards, mensonge. Car ce n'est pas le beau de son histoire. Il y avait bien d'autres choses à vous dire de Louis-le-Grand. Ne les pas dire toutes, selon maître de Broë, c'est mentir, et de plus insulter la nation. Qui ne sent, dit-il? qui ne sent.... Il croit que tout le monde sent cela. Vengez, Messieurs, vengez la nation, la morale.

Outre les historiens, Paul-Louis cite les pères et les prédicateurs, morts il y a long-temps; maître de Broë lui répond par une autorité vivante; c'est celle de Monseigneur le garde-des-sceaux actuel, dont il rapporte (en s'inclinant) les propres paroles extraites d'un de ses discours, page 40., sans songer que peut-être ailleurs, Monseigneur a dit le contraire.

Et puis l'Écriture et les pères et les sermons de Massillon appartiennent aux honnêtes gens. Les écrivains ne doivent pas s'en servir pour se justifier. Développement de cette proposition appliquée à l'auteur d'un roman condamné, qui osa dernièrement alléguer l'évangile.

Nota. Que cette épisode, sur les horribles phrases dont on ne parle pas, occupe deux colonnes entières du *Moniteur*.

Troisième passage.

» Sachez qu'il n'y a pas en France une seule
» famille noble , mais je dis noble de race et
» d'antique origine, qui ne doive sa fortune aux
» femmes; vous m'entendez. Les femmes ont fait
» les grandes maisons; ce n'est pas, comme vous
» croyez bien, en cousant les chemises de leurs
» époux, ni en allaitant leurs enfans. Ce que nous
» appelons, nous autres, honnête femme, mère
» de famille, à quoi nous attachons tant de prix,
» trésor pour nous, serait la ruine du courti-
» san. Que voudriez-vous qu'il fît d'une dame
» *honesta*, sans amans, sans intrigue, qui, sous
» prétexte de vertu, claquemurée dans son mé-
» nage, s'attacherait à son mari? Le pauvre homme
» verrait pleuvoir les grâces autour de lui, et
» n'attrapperait jamais rien. De la fortune des
» familles nobles il en paraît bien d'autres
» causes, telles que le pillage, les concussions,
» l'assassinat, les proscriptions, et surtout les con-
» fiscations. Mais qu'on y regarde, et on verra

» qu'aucun de ces moyens n'eût pu être mis en
» œuvre sans la faveur d'un grand obtenue par
» quelque femme; car pour piller, il faut avoir
» commandemens, gouvernemens, qui ne s'ob-
» tiennent que par les femmes; et ce n'était pas
» tout d'assassiner Jacques Cœur ou le maréchal
» d'Ancre, il fallait, pour avoir leurs biens, le
» bon plaisir, l'agrément du Roi, c'est-à-dire,
» des femmes qui gouvernaient alors le Roi ou
» son ministre. Les dépouilles des huguenots, des
» frondeurs, des traitans, autres faveurs, bienfaits
» qui coulaient, se répandaient par les mêmes ca-
» naux aussi purs que la source. Bref, comme il
» n'est, ne fut, ni ne sera jamais pour nous au-
» tres vilains, qu'un moyen de fortune; c'est le
» travail; pour la noblesse non plus il n'y en a
» qu'un, et c'est......, c'est la prostitution, puis-
» qu'il faut, mes amis, l'appeler par son nom. »

Quatrième exorde pour fixer encore *le terrain*.

La Charte fait des nobles qui descendent de
leurs pères, et d'autres nobles qui ne descendent
de personne, et puis de grands magistrats qui
sont nobles aussi. Longue dissertation à la fin de
laquelle il déclare qu'il ne s'agit pas de la noblesse,
qu'il ne la défend pas.

Mais l'auteur outrage une classe, *une généralité d'individus*. Il offense la morale évidemment.

L'honneur de certaines familles fait partie de la morale, et l'auteur blesse ces familles, quand il répète mot à mot ce que l'histoire en dit, et qui est imprimé partout. Il blesse la morale; et le pis c'est qu'il empêche toutes les autres familles d'imiter celles-là, de vivre noblement. Réprimez, Messieurs, réprimez. Oui punissons, punissons. Ne souffrons pas, ne permettons pas, etc.

Maître Jean, qui appelle toujours l'auteur de la brochure libelliste, et l'associe dans sa réplique aux écrivains les plus deshonorés en ce genre, ajoute que c'est *l'avidité* qui a fait écrire Paul-Louis, qu'il écrit par *spéculation*, qu'il est fabricant et marchand de libelles diffamatoires; et quand il disait cela, maître Jean de Broë venait de lire à haute voix une déclaration de l'imprimeur Bobée, portant que jamais Paul-Louis n'a tiré nulle rétribution des ouvrages par lui publiés. N'importe, c'est un compte à régler du libelliste à l'imprimeur. Eh quoi? maître Jean, selon vous rien ne se fait gratis au monde, rien par amour? tout est payé? Je vous crois, même les réquisitoires, même le zèle et le dévoûment.

Quatrième passage inculpé :

« O vous, législateurs nommés par les préfets,
» prévenez ce malheur (celui du morcellement
» des grandes propriétés); faites des lois, empê-

» chez que tout le monde ne vive! ôtez la terre
» au laboureur et le travail à l'artisan, par de
» bons priviléges, de bonnes corporations.Hâtez-
» vous; l'industrie, aux champs comme à la
» ville, envahit tout, chasse partout l'antique
» et noble barbarie. On vous le dit, on vous le
» crie : que tardez-vous encore? Qui vous peut
» retenir? peuple, patrie, honneur, lorsque vous
» voyez là emplois, argent, cordons et le baron
» de Frimont? »

Il y a ici injure à la nation entière. Car on
l'accuse de se laisser mener par les préfets, et ceux-
ci de mener la nation. Quelle insigne fausseté!
Voyez la médisance! Accuser la nation d'une si
lâche faiblesse, les préfets d'une telle audace,
n'est-ce pas outrager à la fois et la morale publique et celle des préfets ? Il faut donc venger la
morale, qui est, dit maître de Broë, le patrimoine
du peuple. Oui, que le peuple ait la morale; c'est
son vrai patrimoine. Cela vaut mieux que des
terres; et vengeons, punissons. Variations sur cet
air : oui, punissons, vengeons.

Pour conclure, maître de Broë prie, dans son
patois, les jurés de réprimer vigoureusement
tous ceux qui écrivent en français, et se font lire
avec plaisir. Sûr de son affaire, il s'écrie : La

société sera satisfaite ! (C'est *la société de Jésus.*)

Tel fut en substance le dire de M. l'avocat-général ; et toutes ses raisons, si longuement déduites que personne, hors les intéressés, n'eut la patience de l'écouter, furent encore étendues, développées, amplifiées dans le résumé très-prolixe qu'en fit M. le président, où même il ajouta du sien, disant que l'auteur de la brochure écrivait pour encourager la prostitution, et gâter, par ce vilain mot, l'innocence des courtisans. Mais ceci vint ensuite ; il s'agit à présent de la belle harangue de maître de Broë.

Ce discours, m'a-t-on dit, n'est pas extraordinaire au barreau, où l'on entend des choses pareilles chaque jour en plein tribunal, prononcées avec l'assurance que n'avaient pas les Daguesseau. Nous en sommes surpris, nous à qui cela est nouveau, et concevons malaisément qu'un homme, siégeant, comme on dit, sur les fleurs de lis, sachant lire, un homme ayant reçu l'éducation commune, puisse manquer assez de sens, d'instruction, de goût pour ne trouver dans ces paroles d'un paysan à un grand prince, *ton métier sera de régner,* qu'une injure, et ne pas sentir que ce mot vulgaire de *métier ,* releve, annoblit l'expression par cela même qu'il est vulgaire, tellement qu'elle ne se-

rait pas déplacée dans un poëme, une composition
du genre le plus élevé, une ode à la louange du
prince. Si on n'en saurait dire autant des autres
termes employés par l'auteur, dans le même en-
droit, ils ont tous du moins le ton de simplicité
naïve convenable au personnage qui parle, et le
public ne s'y est pas trompé, souverain juge en
ces matières. Personne ayant le sens commun n'a
vu là-dedans rien d'offensant pour le jeune prince, auquel il serait à souhaiter qu'on fît entendre
ce langage de bonne heure, et toute sa vie. Mais
il ne faut pas l'espérer. Car tous les courtisans sont
des Jean de Broë qui croyent ou font semblant de
croire qu'on outrage un grand, quand d'abord
pour lui parler on ne se met pas la face dans la
boue. Ils ont leurs bonnes raisons, comme dit la
brochure, pour prétendre cela, et trouvent leur
compte à empêcher que jamais front d'homme
n'apparaisse à ceux qu'ils obsèdent. Cependant il
faut l'avouer, quelques-uns peuvent être de bonne
foi, qui habitués comme tous le sont aux sottes
exagérations de la plus épaisse flagornerie, finissent
par croire insultant, tout ce qui est simple et uni,
insolent, tout ce qui n'est pas vil. C'est par là, je
crois, qu'on pourrait excuser maître de Broë.
Car il n'était pas né peut-être avec cette bassesse

de sentimens. Mais une place, une cour à faire....

Le même jour qui met un homme libre aux fers
Lui ravit la moitié de sa vertu première.

Et voilà comme généralement on explique la persécution élevée contre cette brochure, au grand étonnement des gens les plus sensés du parti même qu'elle attaque. Répandue dans le public, elle est venue aux mains de quelques personnages, comme Jean de Broë, mais placés au-dessus et en pouvoir de nuire, qui aux seuls mots de *métier*, de *layette*, de *bavette*, sans examiner autre chose, aussi incapables d'ailleurs de goût et de discernement, que d'aucune pensée tant soit peu généreuse, crurent l'occasion belle pour déployer du zèle, et crièrent outrage aux personnes sacrées. Mais on se moqua d'eux, il fallut renoncer à cette accusation. Un duc, homme d'esprit, quoiqu'infatué de son nom, trouva ce pamphlet piquant, le relut plus d'une fois, et dit : voilà un écrivain qui ne nous flatte point du tout. Mais d'autres ducs ou comtes, et le sieur Siméon, qui ne sont pas gens à rien lire, ayant ouï parler seulement du peu d'étiquette observée dans cette brochure, prirent feu là-dessus, tonnèrent contre l'auteur, comme ce président qui jadis voulut faire pendre un poète pour avoir tutoyé le prince dans ses vers. Si maître Jean a des aïeux, s'il descend de quelqu'un, c'est de ce bon président, *et si vous n'en sortez, vous en devez sortir* (1), maître Jean de Broë. Mais qu'est-ce donc que la Cour où des mots comme ceux-là soulèvent, font explosion! et quelle condition que celle des souverains entourés dès le berceau de pareilles gens! Pauvre enfant! O mon fils, né le même jour, que ton sort est plus heureux. Tu entendras le vrai, vivras avec les hommes; tu connaîtras qui t'aime; ni fourbes, ni flatteurs n'approcheront de toi.

Après l'avocat-général, maître Berville parla pour son client, et dit :

Messieurs les Jurés,

Si, revêtus du ministère de la parole sacrée, vous veniez annoncer aux hommes les vérités de la morale, on ne vous verrait point, sans doute, timides censeurs, faciles moralistes, composer avec la corruption, et dégrader par des ménagemens prévaricateurs votre auguste caractère. Vous sauriez vous armer, pour remplir vos devoirs, d'indépendance et d'austérité. La haine du vice ne se cacherait point sous les frivoles délicatesses d'un langage adulateur; vos paroles, animées d'une vertueuse énergie, lanceraient tour à tour sur les hommes dépravés les foudres de l'indignation et les traits pénétrans du sarcasme. Vous n'iriez point contrister le pauvre, alarmer la conscience du faible, et baisser devant le vice

____

(1) Boileau.

puissant un œil indignement respectueux ; mais votre voix, généreuse autant que sévère, flétrirait jusque sous la pourpre les bassesses de la flatterie et la corruption des cours. Faudrait-il vous applaudir ou vous plaindre ? Je sais quel prix vous serait dû : sais-je quel prix vous serait réservé ? Seriez-vous offerts à l'estime publique en apôtres des mœurs et de la vérité ? Seriez-vous traduits en criminels devant la cour d'assises ?

Qu'a fait de plus l'auteur que je défends ? A l'exemple des écrivains les plus austères, il a opposé aux vices brillans des cours la simplicité des vertus rustiques ; ont pris contre lui la défense des cours : il s'est indigné contre des scandales ; on s'est scandalisé de son indignation : il a plaidé la cause de la morale publiquement outragée ; on l'accuse d'avoir outragé la morale publique.

Je ne dois point vous dissimuler, Messieurs les Jurés, l'embarras extrême que j'ai éprouvé lorsqu'il s'est agi de préparer la défense de cette cause. Ordinairement, l'expérience des doctrines du ministère public, que nous partageons rarement, mais que du moins nous avons appris à connaître, nous permet de prévoir, en quelque façon, le système de l'accusation, d'en démêler l'erreur et de méditer nos réponses. Ici, je l'avoue, j'ai vainement cherché à deviner le système du ministère accusateur ; il m'a été impossible de concevoir par quels argumens, je ne dis pas raisonnables, mais du moins soutenables, on pourrait trouver dans les pages incriminées un délit d'*outrage à la morale publique*, et l'accusation doit, à l'excès même de son absurdité, l'avantage de surprendre son adversaire et de le trouver désarmé.

Soyons justes, toutefois, et, après avoir écouté l'o-

rateur du ministère public, reconnaissons que l'embarras de l'accusation a dû surpasser encore l'embarras de
la défense. Vous en pouvez juger par le soin avec lequel
on a constamment évité d'aborder la question. Vous
aviez imaginé, sans doute, que, dans une accusation
d'*outrage à la morale publique*, on allait commencer
par définir *la morale publique*; et puis expliquer comment l'auteur l'avait outragée. Point du tout. Vous
avez entendu de nombreux mouvemens oratoires; d'é-
loquentes amplifications sur le clergé, sur la noblesse,
sur François Ier, sur Louis XIV, sur le duc de Bordeaux, sur Chambord; des personnalités amères (et
beaucoup trop amères), contre l'écrivain inculpé....
mais de la *morale publique*, pas un mot : tout se trouve
traité dans le réquisitoire du ministère accusateur, hor-
mis l'accusation.

Ainsi, je me félicitais d'avoir enfin à défendre, en
matière de délits de la presse, une cause étrangère à la
politique. « Du moins, me disais-je, je ne serai plus
condamné à traiter ces questions si délicates, que l'on
n'aborde qu'avec inquiétude, que l'on ne discute jamais avec une entière liberté. Je n'aurai plus à redou-
ter dans mes juges la dissidence des opinions, l'influence
des préventions politiques. Tout le monde est d'accord
sur les principes de la morale; nous parlerons, le ministère public et moi, un langage commun, que toutes
les opinions pourront comprendre et juger... »

Et voilà qu'on nous fait une morale politique ! Voilà
qu'on s'efforce encore, dans une cause où la politique
n'a rien à démêler, de parler aux passions politiques !
On commence par reprocher à M. Courier d'avoir dit

irrespectueusement, en parlant du duc de Bordeaux ; que *son* MÉTIER *est de régner un jour*, et d'avoir employé d'autres expressions également familières ; sans songer que c'est un villageois que l'auteur a mis en scène, et que le langage d'un villageois ne peut pas être celui d'un académicien ! On lui impute à crime d'*avoir traité un pareil sujet sans dire un seul mot de l'auguste naissance du jeune prince* ; de sorte que désormais les écrivains devront répondre à la justice, non seulement de ce qu'ils auront dit, mais encore de ce qu'ils n'auront pas dit ! Enfin, par une réflexion un peu tardive, on reconnaît que ce n'est pas là l'objet de l'accusation ; et cependant on a cru pouvoir se permettre d'en faire un sujet d'accusation !

Vous le voyez, Messieurs les Jurés, la marche incertaine de l'accusation trahit à chaque pas sa faiblesse et sa nullité. Aux définitions, qu'on n'ose donner, on substitue les lieux-communs oratoires ; à défaut de la raison qu'on ne peut convaincre, on cherche à soulever les passions ; au délit de la loi, qu'on ne peut établir, on s'efforce de substituer le délit d'opinion.

Ce n'est point ainsi que procédera la défense ; tout, chez elle, sera clair et précis. Mais avant d'aborder la discussion relative à l'écrit, qu'il nous soit permis de rappeler les considérations personnelles à l'écrivain. Ces considérations ne sont pas indifférentes. Dans les délits purement politiques, la criminalité peut, jusqu'à certain point, être indépendante du caractère de l'auteur : la passion, l'erreur, le préjugé peuvent faire d'un honnête homme, un citoyen coupable : mais l'auteur d'un *outrage à la morale publique* est nécessairement un

homme immoral : il y a imcompatibilité entre la mora-
lité de la conduite et l'immoralité des principes, et justifier l'auteur , c'est déjà justifier l'ouvrage.

Paul-Louis Courier, l'un de nos savans les plus estimés
et de nos plus spirituels écrivains, entra, au sortir de ses
études, dans le corps du génie militaire. Officier d'artil-
lerie, distingué par ses talens , il pouvait fournir une
carrière brillante : mais, lors qu'il vit le chef de l'armée envahir le pouvoir et dévorer la liberté, il refusa
de servir la tyrannie; il s'éloigna. Retiré à la campagne,
il partagea ses journées entre les utiles travaux de l'agri-
culture et les nobles travaux des lettres et des arts. Gen-
dre d'un helléniste célèbre (1), il marcha sur ses traces
avec honneur; nous devons à ses recherches le complé-
ment de l'un des précieux monumens de la littérature
ancienne : l'ouvrage de Longus offrait une lacune impor-
tante; M. Courier, dans un manuscrit vainement ex-
ploré par d'autres mains, découvrit le passage jusqu'a-
lors inconnu, et donna un nouveau prix à sa découverte
par l'habileté avec laquelle, imitant le vieux style et les
grâces naïves d'Amyot, il compléta la traduction en
même temps que l'original. Ce succès eut pour lui des
suites assez fâcheuses : par un bizarre effet de la fatalité
qui semble le poursuivre, l'auteur qu'on accuse aujour-
d'hui pour un écrit moral, fut alors persécuté à l'occasion d'un *roman pastoral*. Sa fermeté triompha de la
persécution. Depuis ce temps , retiré à la campagne,
cultivateur laborieux, père, époux, citoyen estimable,

---

(1) M. Clavier , de l'Institut.

il a constamment vécu loin de la capitale, étranger aux partis, quelquefois persécuté, jamais persécuteur; refusant, pour garder son indépendance, les places qu'on lui offrit plus d'une fois; se délassant, par l'étude des lettres, de ses travaux agricoles, et ne tirant aucun profit de ses ouvrages, que les applaudissemens du public et l'estime des juges éclairés. C'est là qu'il s'occupait encore d'un nouveau travail, honorable pour sa patrie, lorsqu'une accusation, bien imprévue sans doute, est venue l'arracher à ses études, à ses champs, à sa famille: étrange récompense des hommes qui font la gloire de leur pays !

Voilà l'écrivain *immoral* que l'on traduit devant vous ; voilà le *libelliste* qu'on signale à votre indignation ! Certes, il conviendrait que l'accusation y regardât à deux fois, avant de s'attaquer à de tels hommes.

Par quelle inconcevable fatalité tout ce qu'il y a de plus honorable dans la littérature française, semble-t-il successivement appelé à siéger sur le banc des accusés ? Tour-à-tour le spirituel rédacteur de la correspondance administrative et l'ingénieux *Ermite de la Chaussée-d'Antin*, l'auteur des *deux Gendres* et l'auteur des *Délateurs*, ont porté sur ce banc leurs lauriers, les Bergasse et les Lacretelle leurs cheveux blancs, l'archevêque de Malines sa toge épiscopale, le peintre de Marius ses longues infortunes. La Cour d'assises semble être devenue une succursale de l'académie française.... Messieurs, cette exhubérance de poursuites, cette succession d'attaques, non pas contre d'obscurs pamphlétaires, mais contre les plus distingués de nos écrivains; cette guerre déclarée par le ministère public à la partie

la plus éclairée de la nation française, révèle nécessairement une erreur fondamentale dans les doctrines de
l'accusation. Lorsqu'en dépit des persécutions, des em-
prisonnemens, des amendes, les meilleurs esprits s'obs-
tinent à comprendre la loi, à user de la loi dans un
sens opposé au pouvoir qui les accuse, il est évident
que ce pouvoir entend mal la loi, et se fait illusion par
un faux système. Cette erreur, involontaire sans doute,
le ministère public nous saura gré de la lui signaler.
Elle consiste à considérer comme coupable, non ce qui
est qualifié délit par la loi, mais ce qui déplait aux
organes de l'accusation; sans réfléchir que la liberté de
la presse n'est pas la liberté de dire ce qui plaît au pouvoir, mais ce qui peut lui déplaire. Une proposition
nous blesse; nous commençons par poser en principe
qu'il faut mettre l'auteur en jugement. Ensuite, comme
pour mettre un homme en jugement, il faut bien s'ap-
puyer sur un texte de loi, nous cherchons dans la loi
pénale quelque texte qui puisse, tant bien que mal,
s'ajuster à l'écrit en question. Les uns sont trop précis ;
il n'y a pas moyen d'en faire usage : d'autres sont rédi-
gés d'une manière plus vague, et par conséquent plus
élastiques ; on s'en empare, et c'est ainsi que, dans les
procès de la presse, nous voyons revenir sans cesse ces
accusations banales *d'attaque contre l'autorité constitu-*
tionnelle du Roi et des Chambres, de provocation à
la désobéissance aux lois, d'outrages à la morale
publique.

Voilà précisément ce qui est arrivé dans le procès de
M. Courier. On ne l'accusait pas seulement, dans le
principe, *d'outrage à la morale publique :* d'autres

textes avaient été essayés : mais leur rédaction, trop précise, n'a pas permis de s'en servir; il a fallu les abandonner. L'*outrage à la morale publique* est resté seul, parce que le sens de ces termes, fixé, à la vérité, aux yeux des jurisconsultes, offre pourtant, aux personnes qui n'ont point étudié la législation, une sorte de latitude et d'arbitraire dont l'accusation peut profiter.

Aussi, remarquez avec quel soin l'accusation a évité de définir *la morale publique*. En bonne logique, pourtant, c'est par cette définition qu'elle aurait dû commencer : la première chose à faire, quand on signale un délit, c'est d'expliquer en quoi consiste ce délit; et c'est la première chose que l'accusation ait oublié ! Cela s'explique facilement : son intérêt est d'éluder les définitions afin que le vague qui peut exister dans les termes de la loi favorise l'extension illimitée qu'elle cherche à leur donner. Nous, dont l'intérêt, au contraire, est de tout éclaircir, nous suivrons une marche opposée, et nous nous demanderons, avant d'entrer dans la discussion, ce que la loi entend par le délit d'*outrages à la morale publique.*

Pourquoi lisons-nous dans la loi ces mots : *outrages à la morale PUBLIQUE?* Pourquoi le législateur n'a-t-il pas dit simplement : *les outrages à la morale?* Que signifie cette épithète (*publique*) qu'il a cru devoir ajouter ?

Messieurs, il faut le reconnaître : ces expressions sont un avertissement donné par le législateur aux fonctionnaires chargés de poursuivre les délits; un avertissement de ne point intenter d'accusations téméraires, de ne point faire du code pénal le vengeur de leurs doctrines personnelles, de ne point voir une infraction dans ce qui pourrait contrarier leurs opinions *particu- lières*. La morale du législateur n'est point la morale d'un homme, d'une secte, d'une école : c'est cette morale absolue, universelle, immuable, contemporaine de la société elle-même, toujours constante au milieu des vicissitudes sociales, émanée de la Divinité, et supérieure à toutes les opinions humaines ; qui n'est point de réflexion mais de sentiment, point de raisonnement mais d'inspiration; qu'on ne trouve point autre à Paris, autre à Philadelphie. C'est cette morale qui sanctionne la foi des engagemens, consacre la couche conjugale, unit par un lien sacré les pères et les enfans; c'est elle qui flétrit le mensonge, le larcin, le meurtre, l'impudicité : c'est celle-là seule qui prend le nom de morale *publique*, parce que, fondée sur l'assentiment de tous les hommes, elle a son témoignage, sa garantie dans la conscience *publique*.

Quel est donc l'écrivain qui outrage la morale publique ? C'est celui qui ose mentir à l'honnêteté naturelle, à la conscience universelle ; celui dont le langage soulève dans tous les cœurs le mépris et l'indignation. N'allez point chercher ailleurs les caractères d'un tel délit. Ici, toute argumentation est vaine : le cri de la conscience outragée, voilà le témoignage que l'accusation doit invoquer : c'est la voix du genre humain qui doit prononcer la condamnation.

Si l'écrit qui vous est déféré outrageait en effet la morale publique, vous n'eussiez point supporté de sang froid la lecture des passages inculpés. Vos murmures auraient à l'instant même révélé votre horreur et votre indignation : un cri de réprobation se serait élevé parmi vous : vos regards se seraient détournés avec dégoût de l'auteur immoral, et votre conscience n'aurait pas attendu pour se soulever les syllogismes d'un orateur.

Est-ce là, j'ose vous le demander, l'impression qu'a produite sur vos esprits la lecture de l'ouvrage ? Avez-vous ressenti du dégoût, de l'indignation ? de l'horreur excitée par l'écrit, avez-vous passé au mépris pour l'auteur ? Non, je ne crains pas de le proclamer devant vous-mêmes ; non, telle n'est point l'impression que vous avez éprouvée. Je pose en fait qu'il n'est point dans cette enceinte un seul homme, je n'en excepte pas même l'orateur de l'accusation, qui, au sortir de cette audience, refusât de se trouver dans le même salon avec l'écrivain qu'on accuse ; qui n'y conduisît ses enfans ; qui ne s'honorât d'une telle société. Condamnez maintenant l'écrivain immoral et scandaleux !

Non, ce n'est pas contre des écrits tels que celui qui nous occupe qu'est dirigée la sévérité des lois. Les lois ont voulu frapper ces auteurs infâmes qui se jouent de ce qu'il y a de plus sacré, et dont les pages révoltantes font frémir à la fois la pudeur et la nature. C'est contre ces écrits monstrueux que le législateur s'est armé d'une juste rigueur ; c'est contre eux qu'il a voulu donner des garanties à la société ; et qu'il me soit permis de m'étonner que ses intentions aient pu être méconnues au point de traduire un père de famille estimable, un écrivain distingué, un citoyen honorable, sur le banc préparé pour les de Sades et pour les Arétins.

C'est en vain que, dans un discours travaillé avec un art digne d'une meilleure cause, on a cherché à vous faire illusion sur vos propres impressions, à déguiser sous l'éclat des ornemens oratoires, la nullité de l'accusation. Que signifient, dans une accusation d'*outrage à la morale publique*, ces argumentations, ces insinuations artificieuses, ces inductions subtiles, ces déclamations éloquentes? Quoi! la morale publique est outragée, et il faut que le ministère public vous en fasse apercevoir! Quoi! la morale publique est outragée, et il faut que l'élégante indignation d'un orateur vienne vous avertir de vous indigner! Ah! la discussion du ministère public prouve du moins une chose, c'est que, puisqu'il est besoin de discuter pour établir l'outrage à la morale publique, il n'existe point d'outrage à la morale publique.

Toutefois, examinons cette discussion elle-même, et puisqu'on vous a parlé du caractère général de l'ouvrage et du caractère particulier des passages attaqués, suivons l'accusation dans la double carrière qu'elle s'est tracée.

Considéré dans son caractère général, l'écrit de M. Courier, est, je ne crains pas d'en convenir, une critique de la souscription de Chambord. L'acquisition de ce domaine lui paraît *une mauvaise affaire* pour le prince, pour le pays, pour Chambord même.

Pour le Prince : Ce n'est pas lui qui en profitera; ce seront les courtisans : ce sacrifice imposé aux communes en son nom, affaiblira l'affection dont il a besoin pour régner : enfin, le séjour de Chambord, plein de souvenirs funestes pour les mœurs, pourra corrompre sa jeunesse.

Pour le pays : La cour viendra l'habiter ; les fortunes des habitans, leur innocence, pourront souffrir de ce dangereux voisinage.

Pour Chambord : Douze mille arpens de terre rendus à la culture, vaudraient mieux que douze mille arpens consacrés à un parc de luxe.

Certes, il serait difficile de trouver dans ces idées générales rien de contraire à la morale publique. La dernière est une vue d'économie politique, que je crois très-juste, et qui, dans tous les cas, n'a rien à démêler avec la morale; les deux premières sont, au contraire, conformes aux principes de la morale la plus pure.

En conséquence de ces réflexions, M. Courier blâme l'opération de Chambord : il l'a croit inspirée moins par l'amour du prince, et de son auguste famille, que par la flatterie et par des vues d'intérêt personnel. A cette occasion, il s'élève au nom de la morale, contre l'esprit d'adulation et contre la licence des cours.

Et ce qu'il y a de remarquable, c'est que les considérations présentées par M. Courier contre la souscription de Chambord, se retrouvent, en grande partie, dans le rapport soumis à S. M. par le ministre de l'intérieur (1).

M. Courier craint que ce présent ne soit plus onéreux que profitable au jeune prince. — Le ministre avait dit « qu'on a exprimé le désir de la conservation » de Chambord *sans songer à ce qu'elle coûtera de*

---

(1) Voir le *Journal de Paris* du 31 décembre 1820.

» *réparations foncières et d'entretien*, *à toutes les dé-*
» *penses* qu'exigeront son ameublement et son habita-
» tion. »

M. Courier se demande si ce sont les communes qui
ont conçu la pensée d'acheter Chambord pour le prince.
« Non pas, répond-il, les nôtres, que je sache, de ce
» côté-ci de la Loire; mais celles-là peut-être qui ont
» logé deux fois les cosaques.... Là, naturellement,
» on s'occupe d'acheter des châteaux pour les princes,
» et puis on songe à refaire son toit et ses foyers. »
Le ministre avait dit, presque dans les mêmes termes:
» Les conseils qui ont voté l'acquisition de Chambord
» n'ont point été arrêtés *par les embarras de finances*
» *qu'éprouvent* PRESQUE TOUTES *les communes*, les unes
» *épuisées* par la suite DES GUERRES, PAR L'INVASION
» ET LE LONG SÉJOUR DES ÉTRANGERS ; les autres apau-
» vries par *les fléaux du ciel, la grêle, les gelées, les*
» *inondations, les incendies;* obligées, *la plupart* de
» recourir *à des impositions extraordinaires* pour ac-
» quitter LES CHARGES COURANTES DE LEURS DETTES.
» Dans d'autres circonstances, l'administration devrait
» examiner pour chaque commune *si les moyens répon-*
» *dent à son zèle.* »

Nous allons, dit M. Courier, » nous gêner et aug-
» menter nos dettes pour lui donner (au prince) une
» chose DONT IL N'A PAS BESOIN. »

» Il n'appartiendrait qu'à V. M., avait dit le ministre,
» de refuser au nom de son auguste pupille, un présent
» DONT IL N'A PAS BESOIN. *Assez de châteaux seront*
» *un jour à sa disposition,* et ce sont les chambres

» qui auront à composer, au nom de la nation, son
» apanage. »

M. Courier paraît craindre que les offrandes ne soient
pas toujours suffisamment libres et spontanées. Le ministre avait conçu les mêmes craintes : » le don du
» pauvre, avait-il dit, mérite d'être accueilli comme
» le tribut du riche, *mais il ne faut pas le demander.*
» IL SERAIT A CRAINDRE qu'on ne vît une sorte de CON-
» TRAINTE dans une invitation solennelle, venue de si
» haut, AU NOM D'UNE RÉUNION DE PERSONNAGES IM-
» PORTANS qui s'occuperaient à donner une si vive im-
» pulsion à tous les administrateurs et à tous les admi-
» nistrés. Des dons qui ne sont acceptables que parce
» qu'ils sont spontanés, *paraîtraient peut-être com-*
» *mandés par des considérations* qui doivent être étran-
» gères à des sentimens dont l'expression n'aura plus
» de mérite, si elle n'est entièrement libre.

En critiquant l'acquisition de Chambord, M. Courier n'a donc rien dit qui ne soit permis, qui ne soit
plausible, qui ne soit conforme aux observations du ministre lui-même.

— *N'importe : il a voulu arrêter l'élan généreux
des Français : il a voulu s'opposer à l'allégresse publique....*

Quoi donc, blâmer un témoignage d'allégresse incon-
venant ou intéressé, est-ce blâmer l'allégresse elle-
même? Parce qu'un nom sacré aura servi de voile à un
acte imprudent ou blâmable, cet acte deviendra-t-il
également sacré? Pour moi, s'il faut le dire, je crois
qu'il était beaucoup d'autres manières plus convenables

d'honorer la naissance du duc de Bordeaux. Je ne parle point ici de ces bruits trop fâcheux qui se sont répandus sur l'origine de cette souscription et sur les moyens employés pour faire souscrire : je ne veux ni les écouter, ni les répéter. Mais ces dons d'argent, de terres, de châteaux, adressés à l'héritier d'un trone, ces présens qu'on fait offrir au riche par le pauvre, par des communes épuisées au neveu d'un roi de France, s'accordent mal dans mon esprit avec la délicatesse qui doit présider aux hommages rendus par des Français à leurs princes. Je ne puis, d'ailleurs, oublier que naguère, on faisait offrir aussi par les communes, des adresses, des chevaux, des soldats, à l'homme qui avait usurpé la liberté publique, et j'aurais désiré, je l'avoue, que l'héritier d'un pouvoir légitime fût honoré d'une autre manière que le ravisseur d'un pouvoir absolu.

Croyez-moi, Messieurs, il est pour les princes des hommages plus délicats et plus purs, que l'adulation ne saurait contrefaire, et que la tyrannie ne saurait usurper. Ce sont ces pleurs d'allégresse qu'on verse à leur aspect, ces vœux d'un peuple accouru sur leur passage ; ce sont les joies du pauvre, les actions de grâces du laboureur, les bénédictions des mères de famille. Voilà les hommages que le peuple français rendait à Henri IV ; voilà ceux que ses descendans vous demandent, et non ces tributs mendiés, qu'on ne refusa jamais à la puissance. Les princes français ne ressemblent point à ces despotes de l'Orient que la prière n'ose aborder qu'un présent à la main, et loin d'obliger la pauvreté à doter leur opulence, ils consacrent leur opulence à soulager la pauvreté.

M. Courier, a donc pu, non-seulement sans être coupable, mais sans manquer aux convenances les plus sévères, voir dans la souscription de Chambord, un acte de flatterie ou une spéculation intéressée. Il a pu blâmer cet hommage indiscret et suspect qui compromet, sous prétexte de l'honorer, tout ce qu'il y a de plus élevé et de plus respectable; et celui-là peut-être avait quelque droit de s'élever contre la flatterie, qui, sous aucun pouvoir, ne fut aperçu parmi les flatteurs.

Si l'esprit général de l'ouvrage est irréprochable, les détails en sont-ils criminels? Examinons les passages sur lesquels le ministère public a fondé son accusation.

Maintenant que nous avons fait connaître l'idée que la loi attache à l'expression *de morale publique*, vous aurez peine peut-être à vous empêcher de sourire, en écoutant la lecture de ces passages. La plupart ont si peu de rapport à la morale publique, qu'on se demande par quel étrange renversement des notions les plus communes, l'accusation a pu rapprocher deux idées d'une nature si différente.

Ainsi, M. Courier veut prouver que le don de Chambord ne profitera pas au prince, mais aux courtisans. Après une sortie assez vive contre les flatteurs, il cite le trait de ce courtisan qui disait au prince, son élève, *tout ce peuple est à vous ;* puis il ajoute : « Ce qui » dans la langue des courtisans voulait dire, tout est » pour nous. *Car la cour donne tout aux princes comme* » *les prêtres donnent tout à Dieu, et ces domaines, ces* » *apanages, ces listes civiles, ces budgets, ne sont* » *guère autrement pour le Roi que le revenu des ab-* » *bayes n'est pour Jésus-Christ. Achetez, donnez*

» *Chambord : c'est la cour qui le mangera ; le prince*
» *n'en sera ni pis ni mieux.* »

N'est-il pas déplorable que l'on soit réduit à justifier
devant les tribunaux un pareil langage ! Quoi ! désormais on ne pourra plus dire, sans se faire une affaire
avec la justice, que les courtisans font souvent servir
l'auguste nom du prince, les prêtres, le nom sacré de
Dieu à leur intérêt personnel ! Quoi ! cette vérité de
morale, devenue triviale à force d'applications, va
devenir un délit digne de la prison ! *Mais vous outragez
les prêtres !* Mais il ne s'agit point d'outrages aux prêtres ; vous m'accusez d'outrages à la morale publique ;
prouvez que j'ai outragé la morale publique. *Mais outrager une généralité d'individus, c'est outrager la morale publique.* Vraiment ? A ce compte, je plains nos
auteurs comiques. Désormais il ne leur sera plus permis
de dire, sous peine d'amende, que les médecins tuent leurs
malades, que les cabaretiers sont fripons, que les femmes sont indiscrètes, et (puisqu'enfin il faut s'exécuter)
que les avocats sont bavards. Au surplus, qu'a dit l'auteur à l'égard du clergé, que le respectable abbé Fleury,
que Massillon, que tant d'autres écrivains non moins gra-
ves, n'aient dit avant lui et n'aient dit quelquefois d'une
manière beaucoup plus sévère ? *Mais c'est calomnier le
malheur...* Le malheur ? Vous oubliez que le clergé figure
pour vingt-cinq millions au budget de l'Etat. Ce sont,
sans doute, des fonds très-bien employés ; nous ne le con-
testons pas : mais lorsque cet emploi existe, ne venez donc
pas nous parler de *malheur*, même pour en tirer un effet
d'éloquence. Laissons-là les lieux-communs oratoires,
et revenons toujours à l'unique question du procès : ai-je

outragé la morale publique? ai-je fait l'apologie, du vice? ai-je attaqué les bases de nos devoirs?

Je viens au second passage : « Ah! dit M. Courier, » si au lieu de Chambord pour le duc de Bordeaux, on » nous parlait de payer sa pension au collége (et plût » à Dieu qu'il fût en âge et que je pusse l'y voir de mes » yeux), s'il était question de cela, de bon cœur j'y » consentirais et voterais ce qu'on voudrait, dût-il m'en » coûter ma meilleure coupe de sainfoin.... *Mais à* » *Chambord qu'apprendra-t-il? Ce que peuvent en-* » *seigner Chambord et la cour. Là, tout est plein de* » *ses aïeux; pour cela précisément, je ne l'y trouve* » *pas bien, et j'aimerais mieux qu'il vécût avec nous* » *qu'avec ses ancêtres.*

Il faut assurément être doué d'une admirable sagacité, pour découvrir dans ces paroles un outrage à la morale publique. Pour moi, je l'avoue, j'aurais cru, dans ma simplicité, qu'ici l'auteur, loin d'offenser la morale, parlait en bon et sage moraliste. Oh! s'il était venu nous vanter les mœurs des cours, nous les offrir en exemple, nous inviter à les imiter, je conçois qu'alors on pourrait l'accuser d'avoir outragé la morale ; mais il a fait précisément le contraire. Ces mœurs dissolues, scandaleuses, il les a censurées ; il a voulu arracher un jeune prince à leur contagion ; et c'est lui, c'est le défenseur des mœurs, que vous accusez d'avoir offensé les mœurs ! et c'est au censeur des cours que vous venez reprocher l'immoralité de ses doctrines !

Ah ! si c'est un crime à vos yeux de médire de la cour, faites donc le procès à tout ce que la France compte d'écrivains célèbres. Condamnez l'immortel au-

teur de l'*Esprit des Lois*. que direz-vous en effet des couleurs dont il ose tracer le tableau des cours? « L'am-
» bition dans l'oisiveté, la bassesse dans l'orgueil, *le*
» *désir de s'enrichir sans travail,* l'aversion pour la
» vérité; *la flatterie,* la trahison, la perfidie, l'aban-
» don de tous ses engagemens, le mépris des devoirs du
» citoyen, *la crainte de la vertu du prince,* l'ESPÉ-
» RANCE DE SES FAIBLESSES, et plus que tout cela
» *le ridicule perpétuel jeté sur la vertu,* forment, je
» crois, le caractère du plus grand nombre des courti-
» sans, marqué *dans tous les lieux* et *dans tous les*
» *temps.* »

Mais peut-être récusera-t-on l'autorité de Montesquieu, c'est un auteur profane, c'est un philosophe....
Eh bien! écoutons un père de l'église; écoutons Massillon :

« Que de bassesses pour parvenir! Il faut paraître,
» non pas tel qu'on est, mais tel qu'on nous souhaite.
» Bassesse d'adulation, on encense et on adore l'idole
» qu'on méprise; bassesse de lâcheté, il faut savoir
» essuyer des dégoûts, dévorer des rebuts, et les rece-
» voir presque comme des grâces; bassesse de dissimu-
» lation, point de sentimens à soi, et ne penser que
» d'après les autres; bassesse *de déréglement, devenir*
» *les complices et peut-être les* MINISTRES *des pas-*
» *sions de ceux de qui nous dépendons.....* Ce n'est
» point là une peinture imaginée; *ce sont les mœurs*
» *des Cours,* ET L'HISTOIRE DE LA PLUPART DE
» CEUX QUI Y VIVENT...... »
» ..... Le peuple regarde comme un bon air de
» marcher sur vos traces; la ville croit se faire honneur

» en prenant tout le mauvais de la cour ; *vos mœurs*
» *forment un poison* qui gagne les peuples et les pro-
» vinces, qui infecte tous les états, *qui change les*
» *mœurs publiques*, qui donne *à la licence* un air de
» noblesse et de bon goût, et qui substitue à la sim-
» plicité de nos pères et à l'innocence des mœurs an-
» ciennes la nouveauté de vos plaisirs, de votre luxe,
» de vos profusions *et de vos indécences profanes.*
» (C'est là précisément ce qu'a dit M. Courier.) Ain-
» si, c'est de vous que passent jusque dans le peuple
» les modes immodestes, la vanité des parures, les arti-
» fices qui déshonorent un visage où la pudeur toute
» seule devrait être peinte, la fureur des jeux, *la fa-*
» *cilité des mœurs, la licence des entretiens, la li-*
» *berté des passions ET TOUTE LA CORRUPTION DE*
» *NOS SIECLES.* »

Messieurs, c'était aussi pour conserver l'innocence
d'un prince, enfant, du dernier rejeton d'une race
royale, que Massillon élevait sa voix éloquente. Il est
triste de penser que, si Massillon vivait encore, il se
verrait probablement traduit sur les bancs d'une cour
d'assises !......

Au surplus, ce n'est point une assertion sèche et
dénuée de preuves que l'auteur vous présente. Il ne
s'est pas borné à censurer les mœurs de la cour : il a
justifié sa censure par des faits ; sa critique n'est que
la conséquence forcée de ces faits ; avant d'ettaquer la
conséquence, prouvez que les faits sont controuvés.

Voici la triple alternative que je présente à l'accusation. Ou vous niez, lui dirai-je, les faits rapportés
dans l'écrit ; et alors, les monumens historiques sont

là pour vous confondre : ou vous les avouez , mais vous en faites l'apologie, et alors ; c'est vous-même qui outragez la morale publique : ou vous les avouez et les condamnez, et vous prétendez cependant, que j'aurais dû les taire, parce que les coupables ont siégé sur le trône ou près du trône ; et alors, c'est encore au nom de la morale publique que je m'élève contre vous : c'est au nom de la morale publique que je repousse cette doctrine honteuse. Quoi ! des désordres coupables auront été commis, et l'histoire, l'institutrice des peuples et des rois, devra garder le silence ! Quoi! l'adultère aura souillé les palais, et vous me commanderez au nom des mœurs, respect pour l'adultère ! Il y aura des vices privilégiés ! Des scandales auront un brevet d'impunité, et si, à l'aspect des mœurs outragées, je laisse éclater mon indignation, c'est mon indignation qui sera criminelle ; c'est moi qui aurai outragé les mœurs !

Messieurs, l'Egypte honorait ses rois, mais elle jugeait leur cendre, et le jugement des morts était la leçon des vivans et de la postérité.

Que signifie cette distinction qu'on s'est efforcé d'établir entre l'histoire et d'autres écrits ? La vérité a-t-elle, pour se montrer, des formes privilégiées ! Existe-t-il un genre d'ouvrages dans lesquels la vérité soit criminelle?

C'est, il faut le dire, c'est la première fois qu'on voit un écrivain traduit devant les tribunaux, pour avoir rapporté des faits dont on ne conteste point la sincérité! C'est la première fois que l'accusation vient nous tenir cet étrange langage : *cela est vrai; mais vous ne deviez pas le dire.* Nous avons vu incriminer des doctrines, condamner des opinions ; il nous restait à voir accuser des souvenirs historiques; il nous manquait de voir traîner la vérité devant la cour d'assises !

C'est, dites-vous, *attenter à la gloire nationale; c'est dépouiller la nation de son plus riche patrimoine.*

Ce ne serait plus alors qu'une simple question d'amour propre national, et non plus une question de morale publique.

Mais est-ce donc flétrir la nation que de flétrir les vices de quelques hommes dont les noms figurent dans son histoire ? Une nation est-elle solidaire pour tous les individus qui la composent? Le patrimoine de l'honneur national se compose-t-il des vices ou des crimes dont elle a été le témoin ? Vous nous reprochez d'avoir attenté à la gloire nationale? Ai-je donc essayé d'avilir les trophées de Fontenoy, les vertus de Sully, les lauriers de Racine? Voilà le patrimoine de l'honneur national : la France peut revendiquer la solidarité de la gloire ; elle ne revendiquera jamais la solidarité de la honte.

On a plus vivement encore insisté sur le 3.ᵉ chef d'accusation. Suivons le ministère public sur ce nouveau terrain.

M. Courier s'attache à prouver, comme nous l'avons vu, que le voisinage de la cour est dangereux pour les simples habitans de la campagne. Une des choses qu'il redoute le plus dans ce voisinage, c'est la contagion des mauvaises mœurs. Voici, à cet égard, comme il s'exprime :

« Sachez qu'il n'y a pas en France une seule famille
» noble, mais je dis noble de race et d'antique origine,
» qui ne doive sa fortune aux femmes; vous m'enten-
» dez. Les femmes ont fait de grandes maisons; ce n'est

» pas, comme vous croyez bien, en cousant les che-
» mises de leurs époux, ni en allaitant leurs enfans.
» Ce que nous appelons, nous autres, honnête femme,
» mère de famille, à quoi nous attachons tant de prix,
» trésor pour nous, serait-ce la ruine du courtisan?
» Que voudriez-vous qu'il fît d'une dame *honesta*,
» sans amans, sans intrigue, qui, sous prétexte de
» vertus, claquemurée dans son ménage, s'attacherait
» à son mari? Le pauvre homme verrait pleuvoir les
» grâces autour de lui, et n'attrapperait jamais rien.
» De la fortune des familles nobles, il en paraît bien
» d'autres causes, telles que le pillage, les concussions,
» l'assassinat, les proscriptions, et surtout les confis-
» cations. Mais qu'on y regarde, et on verra qu'aucun
» de ces moyens n'eût pu être mis en œuvre sans la
» faveur d'un grand, obtenue par quelque femme; car
» pour piller, il faut avoir commandement, gouverne-
» ment, qui ne s'obtiennent que par les femmes; et ce
» n'était pas tout d'assassiner Jacques Cœur ou le ma-
» réchal d'Ancre, il fallait, pour avoir leurs biens, le
» bon plaisir, l'agrément du roi, c'est-à-dire des fem-
» mes qui gouvernaient alors le roi ou son ministre.
» Les dépouilles des huguenots, des frondeurs, des
» traitans, autres faveurs, bienfaits qui coulaient, se
» répandaient par les mêmes canaux, aussi purs que la
» source. Bref, comme il n'est, ne fut, ni ne sera ja-
» mais, pour nous autres vilains, qu'un moyen de for-
» tune; c'est le travail; pour la noblesse non plus il
» n'y en a qu'un, et c'est..., c'est la prostitution, puis-
» qu'il faut, mes amis, l'appeler par son nom. »
Laissant de côté tous les commentaires plus ou moins

4 *

infidèles qu'on a fait sur ce passage , et le réduisant
à son expresssion la plus simple , qu'y découvrons-nous?
Cette proposition fondamentale , et dont le passage entier n'est qu'un développement : « Que les mœurs des
» courtisans sont corrompues. » J'aurais difficilement
imaginé que cette proposition fût outrageante pour la
morale publique , et que les mœurs des cours dussent
être pour nous un objet de vénération. Depuis quand
n'est-il donc plus permis de dire d'une manière générale
que tel vice, tel défaut , tel genre de dépravation règne
dans telle classe de la société ?

Ici , j'interpelle encore l'accusation. Niez-vous les
faits ? J'offre de les prouver. Les avouez-vous ? J'ai
donc eu raison d'avancer ce que j'ai avancé.

Expliquez-vous enfin d'une manière cathégorique.
Est-ce pour avoir controuvé des faits que vous m'accusez ? Ce n'est plus qu'une question de vérité historique;
nous pouvons la décider avec des autorités. M'accusez-
vous pour avoir dit des vérités fâcheuses à quelques
amours-propres ? Alors , je vous demande où est la loi
qui condamne la vérité et qui fait du mensonge un devoir de morale publique. Mais du moins expliquez-
vous : parlez ; qu'on sache ce que vous voulez, ce que
vous prétendez. Niez franchement les faits , ou bien
avouez-les franchement , sans vous perdre en vaines déclamations qui ne prouvent rien , si ce n'est votre embarras et votre faiblesse.

Pour moi, je vous dirai que de tout temps, l'historien, le moraliste , l'écrivain satirique , ont été en pos-
session de censurer les vices généraux , et surtout les
vices des cours. Je vous dirai que l'auteur que vous ac-

cusez n'a fait que redire, avec moins de force peut-être, ce que mille auteurs estimés avaient dit avant lui. On vous a cité Massillon et Montesquieu ; écoutez maintenant Mézeray et Bassompierre.

Mézeray parle de l'introduction des femmes à la cour. « Du commencement, dit-il, cela eut de fort bons effets, » cet aimable sexe y ayant amené la politesse et la cour- » toisie, et donnant de vives pointes de générosité aux » âmes bien faites. Mais depuis que *l'impureté* s'y fut » mêlée, et que *l'exemple des plus grands eut auto-* » *risé la corruption*, ce qui était auparavant une belle » source d'honneur et de vertu, ADVINT UN SALE BOUR- » BIER DE TOUS LES VICES ; *le déshonneur* SE MIT EN » CRÉDIT, LA PROSTITUTION SE SAISIT DE LA FAVEUR, » on *y entrait*, on *s'y maintenait par ce moyen* ; bref, » les charges et les emplois se distribuaient à la fantaisie » des femmes, et parce que d'ordinaire, quand elles » sont une fois déréglées, elles se portent à l'injustice, » aux fourberies, à la vengeance et à la malice avec bien » plus d'effronterie que les hommes même, elles furent » cause qu'il s'introduisit de très-méchantes maximes » dans le gouvernement, et que l'ancienne candeur » gauloise, fut rejetée *encore plus loin que la chasteté.* » *Cette corruption commença sous le règne de Fran-* » *çois I*er*., se rendit presqu'universelle sous celui de* » *Henri II, et* SE DÉBORDA ENFIN JUSQU'AU DERNIER » PÉRIODE sous *Charles IX et Henri III.* » Mézeray, Hist. de Fr. Henri III, tome 3, pap. 446-447.

Voyons maintenant comment Bassompierre s'exprime sur le compte d'un courtisan. « C'était un homme » assez mal fait, et il y a lieu de s'étonner qu'il

» ait réussi en ce temps là , *où l'on ne parvenait*
» *à rien que par les femmes, comme je pense qu'il en*
» *a été* DE TOUT TEMPS , *dans* TOUTES *les cours* , et crois
» que qui voudrait y regarder de bien près , ON TROU-
» VERAIT PLUS DE MAISONS QUI SE SONT FAIT GRANDES
» PAR CETTE VOIE QU'AUTREMENT. »

Je pourrais multiplier ces citations à l'infini ; il faut se borner; passons à un autre point.

Le dernier chef d'accusation a été soutenu avec moins d'insistance, et si quelque chose m'étonne encore , c'est qu'on ne l'ait pas entièrement abandonné. Vous penserez comme moi , sans doute, quand je l'aurai remis sous vos yeux.

« O vous, législateurs nommés par les préfets, pré-
» venez ce malheur (le morcellement des grandes
» propriétés) ; faites des lois, empêchez que tout le
» monde ne vive ! Ôtez la terre au laboureur et le travail
» à l'artisan par de bons priviléges , de bonnes corpo-
» rations. Hâtez-vous ; l'industrie, aux champs comme
» à la ville, envahit tout, chasse partout l'antique et
» noble barbarie. On vous le dit, on vous le crie : que
» tardez-vous encore ? qui vous peut retenir ? peuple ,
» patrie , honneur ? lorsque vous voyez-là emplois, ar-
» gent, cordons et le baron de Frimond. »

Je dois vous le confesser; dans ma simplicité, j'avais imaginé que, par une méprise étrange, mais qui n'est pas plus étrange que le reste de l'accusation, le ministère public avait pris au sérieux les conseils ironiques de l'auteur, et qu'il allait lui reprocher d'avoir engagé les pouvoirs législateurs à faire des lois pour empêcher que tout le monde ne vive, etc., etc.... C'est ainsi seulement que je concevais la possibilité d'une accusation d'outrage à la morale publique, et je me promettais de vous désabuser facilement.

Je m'étais trompé : l'accusation a pris une autre marche, et ici, je ne la comprends plus.

S'il s'agissait d'une accusation politique, je la trouverais seulement très-mal fondée, mais enfin, je la concevrais, puisque le passage a trait à la politique : mais c'est une accusation de morale publique qu'on vous présente, or, qu'ont de commun avec la morale publique, le mode d'élection des députés, et la recomposition de la grande propriété ?

C'est insulter la nation que de prétendre qu'elle abandonne à ses préfets le choix de ses législateurs ? Toujours des reproches étrangers à la question ! Mais qu'a donc écrit ici M. Courier, que le Gouvernement lui-même n'ai dit cent fois à la tribune ? Les ministres ne nous ont-ils pas souvent entretenus de la nécessité de donner au Gouvernement de l'influence dans les élections ? Et comment le Gouvernement exerce-t-il cette influence ? Par ses agens, apparemment ? Et ces agens, qui sont-ils dans les départemens ? Les préfets. Qu'a donc dit M. Courier ?

Vous offensez les Chambres, en les supposant disposées à faire des lois pour ôter le pain au laboureur. Encore une accusation étrangère au procès, car nous ne sommes point accusés d'offense envers les Chambres, mais d'outrage à la morale publique.

Je répondrai d'un seul mot : si les Chambres se croyaient offensées, elles avaient droit de rendre plainte et de provoquer des poursuites. Elles ne l'ont pas fait ;

elle ne se sont donc pas jugées offensées ; et vous, vous n'avez pas droit, quand elles gardent le silence, de devancer leur plainte et d'agir sans leur provocation.

Avant de quitter cette discussion, je veux, MM. les jurés, vous proposer une épreuve irrécusable pour discerner la vérité de l'erreur, et pour apprécier les charges de l'accusation. Vous n'ignorez pas, et c'est un des plus simples axiômes de la logique, que le contraire d'une proposition fausse est nécessairement une proposition vraie : par la même raison, toute proposition qui outragera la morale publique aura nécessairement pour contraire une vérité fondamentale de morale publique. Ainsi, qu'un auteur fasse l'apologie du larcin ou du mensonge, vous n'aurez qu'à renverser sa proposition, et vous trouverez que le mensonge, que le larcin sont des actions répréhensibles : ce sont là, en effet, des principes de morale incontestables.

Si, au contraire, la proposition ainsi renversée ne nous donne qu'un sens insignifiant, indifférent ou ridicule, il est évident que la proposition primitive ne renfermait pas d'outrage à la morale publique.

Appliquons aux propositions incriminées cette méthode d'appréciation.

La cour donne tout aux princes ;

Les prêtres donnent tout à Dieu ;

Les apanages, les listes civiles ne sont pas pour les princes ;

Le revenu des abbayes n'est pas pour Jésus-Christ ;

Le prince, à Chambord, apprendra ce que peuvent enseigner Chambord et la cour ;

J'aimerais mieux qu'il vécût avec nous qu'avec ses ancêtres ;

Les courtisans s'enrichissent par la prostitution ;

Les préfets ont beaucoup d'influence dans la nomination des députés....

Prenons les propositions inverses, et voyons quel est le catéchisme de morale publique que le ministère accusateur voudrait nous faire adopter :

La cour ne donne rien aux princes ;

Les prêtres ne donnent rien à Dieu ;

Les apanages, les listes civiles sont exclusivement pour les princes ;

Le revenu des abbayes est exclusivement pour Jésus-Christ ;

Le prince n'apprendra pas à Chambord, ce que peut enseigner Chambord ;

J'aimerais mieux qu'il vécût avec ses ancêtres qu'avec nous ;

Les courtisans ne s'enrichissent pas par la prostitution ;

Les préfets n'ont aucune influence sur la nomination des députés.

Voilà ces hautes vérités morales que le ministère public veut nous contraindre d'observer à peine d'amende et de prison ! Messieurs, il n'en faut pas davantage. Il n'est point de subtilité, point de sophisme qui puissent résister à cette épreuve, aussi simple qu'infaillible ; vous en avez vu les résultats ; l'accusation est jugée.

Si, après cette épreuve, vous condamnez l'écrit qui

vous est déféré, plus de loi qui puisse rassurer les citoyens, plus d'écrit qui ne puisse être condamné, plus d'écrivain qui soit assuré de conserver sa fortune et sa liberté. L'accusation d'*outrage à la morale publique* va devenir pour la France ce que fut, pour Rome dégénérée, l'accusation de lèze-majesté.

C'est à vous de conserver à la loi son empire, à la liberté ses garanties ; c'est à vous d'empêcher que le glaive de la justice ne s'égare, et, par un abus déplorable, ne devienne l'instrument des passions politiques, ou le vengeur des amours-propres offensés. Il est, vous le savez, deux sortes de jugemens : les uns, fruits de l'erreur, des préventions ou des ressentimens, sont l'effroi de la société ; l'opinion publique les dénonce à l'histoire, et l'inexorable histoire les inscrit sur ses tables vengeresses : les autres, dictés par l'équité, rassurent le corps social, affermissent les états, et son transmis par la reconnaissance publique à l'estime de la postérité. Voilà quel jugement nous attendons de vous : j'ose croire que cette attente ne sera point trompée.

Ainsi parla Me Berville, avec beaucoup de facilité, de netteté dans l'expression, et assez de force par fois. A ce discours Paul-Louis voulait ajouter quelques mots ; mais ses amis l'en empêchèrent, en lui remontrant qu'il n'avait de sa vie parlé en public, et que ce serait un vrai miracle qu'il pût soutenir les regards de toute une assemblée ; qu'ignorant entièrement les

convenances du barreau, où s'est établie une sorte
de cérémonial, d'étiquette gênante, impossible à
deviner, il ferait des fautes dont ses ennemis ne
manqueraient pas de profiter, et demeurerait
étonné à la moindre contradiction; qu'il n'avait là,
pour lui, que le public auquel on imposait silence, dont même il risquait de diminuer à son
égard la bienveillance, par une harangue mal
dite, peu entendue, interrompue; que les gens
de lettres qui avaient tenté cette épreuve avec
moins de désavantage, s'en étaient rarement bien
tirés; qu'il ne devait pas se flatter, pour avoir
su écrire quelques brochures passables, de
pouvoir aussi bien se faire entendre de vive
voix, ces deux arts n'étant pas seulement fort
différens en plusieurs points, mais contraires autant que l'est la concision qui fait le mérite des
écrits au langage diffus de la tribune; qu'enfin,
piqué comme il l'était, et de l'absurdité de l'affaire en elle-même, et du choix des jurés, et de la
mauvaise foi du procureur du Roi, et de la par-
tialité servile du président, il ne pouvait manquer de s'exprimer vivement, avec peu de mesure,
et de gâter sa cause aux yeux de tout le monde.
Il se rendit à ces raisons, et prit patience en en-
rageant de ne pouvoir au moins répondre, et
confondre le mauvais sens de ses accusateurs,

chose facile assurément; car s'il n'eût mieux aimé déférer en cela aux conseils de gens sages qui
lui veulent du bien, soit par attachement personnel, ou conformité de principes, il eût prononcé
ce discours ou quelque chose d'approchant :

Messieurs,

Dans ce que vous a dit M. l'avocat-général, je
comprends ceci clairement : il désapprouve les
termes dont je me suis servi pour désigner la
source, respectable selon lui, très-impure, selon
moi, des fortunes de cour, et la manière aussi
dont j'ai parlé des grands dans l'imprimé qu'il
vous dénonce comme contraire à la morale,
scandaleux, licencieux, horrible. Pour moi, aux
premières nouvelles d'une pareille accusation, à
laquelle je m'attendais peu, sûr de mon intention, n'ayant à me reprocher aucune pensée qui
méritât ce degré de blâme, je crus d'abord qu'ai-
sément j'avais pu me méprendre sur le sens de
quelques mots, et donner à entendre une chose
pour une autre, en expliquant mal mes idées.
Car, comme savent assez ceux qui se mêlent un
peu de parler ou d'écrire, rien n'est si rare que
l'expression juste; on dit presque toujours plus
ou moins qu'on ne veut dire, et par l'exemple

même de M. l'avocat du Roi, qui me nomme ici libelliste, homme avide de gain, spéculateur d'injure et de diffamation, vous avez pu juger combien il est plus facile d'accumuler dans un discours ces traits de la haute éloquence, que d'appliquer à chaque chose le ton, le style, le langage qui conviennent exactement.

Je crus donc avoir failli, Messieurs, et ne m'en étonnais en aucune façon. Il m'est rarement arrivé, dans ma vie, de lire une page dont je fusse satisfait, bien moins encore d'écrire sans faute. Mais en examinant ceci attentivement, avec des gens qui n'ont nulle envie de me flatter, considérant le tout, et chaque phrase à part, chaque mot, chaque syllabe, je vous dis la pure vérité : nous n'y avons trouvé à reprendre qu'une seule chose, mais grave et fâcheuse vraiment pour l'auteur; une chose dont M. le procureur du Roi ne s'est point avisé; c'est que cet écrit n'apprend rien : dans les passages inculpés, ni dans le reste de l'ouvrage, il n'y a rien de nouveau, rien qui n'ait été dit et redit mille fois. En effet, qu'y voit-on? les vices de la cour, les bassesses, la lâcheté, l'hypocrisie, l'avidité, la corruption des courtisans. A proprement parler, l'auteur de ce pamphlet est un homme qui crie : Venez, accourez, voyez la malice des singes, le venin des reptiles, et la rapacité des animaux de proie : j'ai découvert tout cela. Que sa naïveté vous amuse un moment, riez-en, si vous voulez; mais le condamner après, comme ayant outragé ces classes distinguées de malfaisantes bêtes, l'envoyer en prison, ah! ce serait conscience.

Pas un mot, Messieurs, pas un mot ne se trouve dans cet imprimé qui ne soit partout dans les livres que chacun a entre les mains et que vous approuvez comme bons. Mon avocat vous l'a fait voir par de nombreuses citations; nonseulement les orateurs, les historiens, les moralistes, mais les prédicateurs et les pères de l'Eglise ont dit ces mêmes choses, déjà dites avant eux et connues de tout temps. Tellement qu'il paraîtrait bien que l'auteur d'un pareil écrit, si ce n'est ignorance à lui, et simplicité villageoise, d'avoir cru dignes de l'impression des observations si vulgaires, s'est un peu moqué du public, en lui débitant pour nouveau ce que les moindres enfans savent. Mais quelle loi du Code a prévu ce délit?

Quant aux expressions qui déplaisent à vous, M. le président, à M. l'avocat du Roi, débauche, prostitution, et autres que je ne feindrais non plus de répéter, c'est une grande question entre les philosophes, de savoir si l'on peut pécher par les paroles, quand le sens du discours en soi n'a rien de mauvais, comme lorsqu'on blâme certains vices en les appelant par leur nom. La dispute est ancienne, et ce sont, notez bien, ce sont les sectes rigides qui croient les mots indifférens. Nous autres paysans, tenons cette opinion de nos maîtres stoïques, gens de travail jadis. Nous regardons aux actes surtout, au langage peu; le sens dans le discours, non les termes, nous touche. Mais d'autres pensent autrement, et les sages suivant la cour, parmi lesquels on peut compter messieurs les procureurs du Roi, sont farouches sur les paroles. La morale est toute dans les mots selon eux, plus sévères que ceux qui la mettent toute dans les grimaces. Ainsi, qu'on joue sur vos théâtres Georges Dandin et d'autres pièces où l'adultère est en action, mais où le mot ne se prononce pas, ils n'y voient rien à redire, rien contre la morale publique, et applaudissent à la peinture des vieilles mœurs qu'on veut nous rendre. Moi, que je me trouve là par hasard, homme des champs, dont les paroles vous scandalisent, M. l'avocat-général, je rougis en voyant représentée, figurée, en public admirée, la dégoûtante débauche, la corruption infecte; je murmure, et c'est moi qui offense la morale. On me le prouvera bien. Autre exemple: en tous lieux, et même dans les églises, j'entends chanter ici : *Charmante Gabrielle*, au grand contentement de tous les magistrats conservateurs des mœurs. Apprenant ce que c'est que cette Gabrielle, je m'écrie aussitôt : infâme créature, débauchée, prostituée. Là dessus, réquisitoire, mandat de comparoir. Pour venger la morale, le procureur du Roi conclut à la prison. Est-ce là le fait? Oui, messieurs, j'ai parlé des vieilles mœurs qu'on nous prêche aujourd'hui, de la vieille galanterie des cours que l'on nous vante; sans cacher ma pensée, ni voiler mes paroles, j'ai dit sale débauche, infâme prostitution, et me voilà devant vous, Messieurs.

Mais je suis du peuple; je ne suis pas des hautes classes, quoique vous en disiez, M. le président; j'ignore leur langage, et n'ai pas pu l'apprendre. Soldat pendant long-temps, aujourd'hui paysan, n'ayant vu que les camps et les champs, comment saurais-je donner aux vices des noms aimables et polis? Peut-être aussi ne le voudrais-je pas, s'il était en moi de quitter nos rustiques façons de dire pour vos expressions, vos formules. Dans cet écrit, d'ailleurs, je parle à des gens comme moi, villageois, laboureurs, habitans des campagnes; et, si l'on m'imprime à Paris, vous savez bien pourquoi, Messieurs; c'est qu'ailleurs, il y a des préfets qui ne laissent pas publier autre chose que leur éloge. Les gens pour qui j'écris n'entendent point à demi-mot, ne savent ce que c'est que finesse, délicatesse, et veulent à chaque chose le nom, le nom français. Leur ayant dit mainte fois, nous valons mieux que nos pères (proposition qui m'a toujours paru sans danger, car elle n'offense que les morts), pour le prouver, il m'a fallu leur dire les mœurs du temps passé. J'ai cru faire merveille d'user des termes mêmes de tant d'auteurs qui nous en ont laissé des mémoires; puis il se trouve que ces termes choquent le procureur du Roi, qui les approuve dans mes auteurs, et les poursuit partout ailleurs. Pouvais-je deviner cela, prévoir, me douter seulement que des traits délicieux, divins, venant d'une marquise de Sévigné, d'une mademoiselle de Montpensier, ou d'une princesse de Conti, répétés par moi feraient horreur, et que les propres mots de ces femmes célèbres, loués, admirés dans leurs écrits, dans les miens seraient des attentats contre la décence publique.

Oh! que vous serez bien surpris, bonnes gens du pays, mes voisins, mes amis, quand vous saurez, que notre morale, à Paris, passe pour *déshonnête*, que ces mêmes discours qui là-bas vous semblaient austères, ici alarment la pudeur et scandalisent les magistrats! Quelle idée n'allez-vous pas prendre de la sévérité, de la pureté des mœurs dans cette capitale, où l'on met au rang des vauriens, on interroge sur la sellette l'homme qui chez vous parut juste, et dont la vie fut au village exemple de simplicité, de paix, de régularité. Tout de bon, Messieurs, peut-on croire que cette accusation soit sérieuse? le moyen de se l'imaginer? Où trouver la moindre apparence, le moindre soupçon d'offense à la morale publique, dans un écrit dont le public, non-seulement approuve la morale, mais la juge même trop rigide pour le train ordinaire du monde, et dont plusieurs se moqueraient comme d'un sermon de Janséniste, s'il n'était appuyé, soutenu de la pratique et de la vie toute entière de celui qui parle. En bonne foi, je commence à croire qu'il y a du vrai dans ce qu'on m'a dit. Ce sont des gens instruits de vos façons d'agir, messieurs les procureurs du Roi, qui m'ont averti de cela. Dans les écrits, vous attaquez rarement ce qui vous déplaît. Quand vous criez à la morale, ce n'est pas la morale qui vous blesse. Ici, après beaucoup d'hésitation, de doute, pour fonder une accusation, vous prenez quelques passages les plus abominables, les plus épouvantables que vous ayez pu découvrir; et ces passages les voici : écoutez de grâce, Messieurs; Juges et Jurés, écoutez, si vous le pouvez sans frémir, ces horreurs que l'on vous dénonce : *les prêtres donnent tout à Dieu ; les leçons de la cour ne sont pas les meilleures ; les Préfets quelquefois font des législateurs ; nos princes avec nous seraient mieux qu'avec leurs ancêtres.* C'est là ce qui vous émeut, avocats-généraux et procureurs du Roi? pour cela vous faites tant de bruit? Votre zèle s'enflâmme, et la fidélité.... Non, vous avez beau dire, il y a quelqu'autre chose; si tout était de ce ton dans le pamphlet que l'on poursuit au nom de la décence et des mœurs, si tout eût ressemblé à ces phrases coupables, on n'y eût pas pris garde, et la morale publique ne serait pas offensée. Prenez, Messieurs, ouvrez ce scandaleux pamphlet aux passages inculpés, calomnieux, horribles, pleins de noirceur, atroces. Vous êtes étonnés, vous ne comprenez pas; mais tournez le feuillet, vous comprendrez alors, vous entendrez l'affaire; vous devinerez bientôt et pourquoi l'on se fâche, et d'où vient qu'on ne veut pas pourtant dire ce qui fâche. Feuilletez, Messieurs, lisez *Un prince.....* Vous y voilà; *Un jeune prince, au collége.....* C'est cela même. Que dis-je? il s'agit de morale, de la morale publique ou de la mienne, je crois, ou de celle du pamphlet, n'importe; la morale est l'u-

5 *

nique souci de ceux qui me font cette affaire ; ils n'ont point d'autre objet, ne voient ,autre chose ; ils chérissent la morale et la cour tout ensemble, l'un et l'autre en même temps. Pourquoi non ? Des gens ont aimé la liberté et Bonaparte à la fois, *indivis.*

Mais que vous fait cela, vous, Messieurs les jurés? vous n'êtes pas de la cour, j'imagine. Etrangers à ses momeries, vous devez vouloir dans vos familles la véritable honnêteté, non pas un jargon, des manières. Conterez-vous, sortant d'ici, à vos femmes, à vos filles : un homme a osé dire que les dames d'autrefois, ces grandes dames qui vivaient avec tout le monde, excepté avec leurs maris, étaient d'indignes créatures ; il les appelle des prostituées. J'ai puni cet homme là ; je l'ai déclaré coupable ; on va le mettre en prison pour la morale. Jurés, si vous leur contez cela, ne manquez pas après de leur faire chanter : *Charmante Gabrielle ;* et d'ajouter encore : oui, mes filles, ma femme, cette Gabrielle était une charmante personne. Elle quitta son mari pour vivre avec le Roi, et, sans quitter le roi, elle vivait avec d'autres. Aimable friponnerie, fine galanterie, coquetterie du beau monde! Il y a des gens, mes filles, qui appellent cela débauche ; ils offensent la morale, et ce sont des coquins qu'il faut mettre en prison. Evitez, sur toutes choses, les mots, mes filles, les mots de débauche, d'adultère; et tant que vous vivrez, gardez-vous des paroles qui blessent la décence, le bon ton; ainsi faisait la charmante Gabrielle.

Voilà ce qu'il vous faudra dire dans vos familles, si vous me condamnez ici, et non seulement à vos familles, mais à toutes vous recommanderez de tels exemples, de telles mœurs. Autant qu'il est en vous, de la France industrieuse, savante et sage qu'elle est, vous en ferez la France galante d'autrefois; chez vous, dans vos maisons, vous prêcherez le vice, en me punissant, moi, de l'avoir blâmé ailleurs. Femmes, quittez ces habitudes d'ordre, de sagesse, d'économie; tout cela sent le siècle présent. Vivez à la mode des vieilles cours, non comme ces Ninon de l'Enclos, qui restaient filles, ne se mariaient point pour pouvoir disposer d'elles-mêmes, redoutaient le nœud conjugal; mais comme celles qui le bravaient, moins timides, s'engageaient exprès, afin de n'avoir aucun frein, se faisaient épouses pour être libres; qui...... prenons garde d'offenser encore la morale! comme ces belles dames enfin, dont la conduite est naïvement représentée dans l'écrit coupable. Il y aura cela de curieux dans votre arrêt, s'il m'est contraire, que ne pouvant nier la vérité de cette peinture des anciennes mœurs (car qu'opposer au témoignage des contemporains?) tont en avouant qu'elles étaient telles, vous me condamneriez seulement pour les avoir appelées mauvaises. Ainsi vous les trouveriez bonnes, et engageriez un chacun à les imiter ; chose peu croyable de vous, jurés, à moins que vous n'ayez des grâces à demander, des faveurs et vos profits particuliers sur la dépravation commune.

Il serait aussi bien étrange qu'ayant loué le présent aux dépens du passé, je n'en pusse être absous par vous, gens d'à présent, par vous, magistrats qui vivez de notre temps, ce me semble ; que vous me fissiez repentir de vous avoir jugés meilleurs que vos devanciers, et d'avoir osé le publier ; car cela même est exprimé ou sous-entendu dans l'imprimé qu'on vous dénonce, et où je soutiens, bien ou mal, que le monde actuel vaut au moins celui d'autrefois, ce qui suppose que je vous préfère aux conseillers de chambre ardente, aux juges d'Urbain Grandier, de Fargue, aux Laubardemont, aux d'Oppède, vous croyant plus instruits, plus justes, et même...... oui, Messieurs, moins esclaves du pouvoir. Est-ce donc à vous de m'en dédire, de me prouver que je m'abusais? et serais-je, par vous, puni de vous avoir estimé trop? J'aurais meilleur marché, je crois, des

morts dont j'ai médit, si les morts me jugeaient,
que des vivans loués par moi. Tous les écoliers
de Ramus, revenant au monde aujourd'hui, con-
viendraient sans peine que les nôtres en savent
plus qu'eux, et sont plus sages ; car au moins ils
ne tuent pas leurs professeurs. Les dames galantes
de Brantôme, en avouant la vérité de ce que
j'ai dit d'elles, s'étonneraient du soin qu'on
prend de leur réputation. Si j'osais évoquer ici,
par un privilége d'orateur, l'ombre du grand
Laubardemont, de ce zélé, de ce devoué procureur
du Roi en son temps, il prendrait mon parti contre
son successeur ; il serait avec moi contre vous,
M. l'avocat général, et vous soutiendrait que vous
et nous en tout vivons mieux que nos anciens,
comme je l'ai dit, le redis, et le dirai, dussiez-
vous, Messieurs, pour ce délit, me condamner
au maximum de la peine. Mais n'en faites rien,
et plutôt écoutez ce que j'ajoute ici. J'ai employé
beaucoup d'étude à connaître le temps passé, à
comparer les hommes et les choses d'autrefois
avec ce qui est aujourd'hui, et j'ai trouvé, foi de
paysan, j'ai trouvé que tout va mieux maintenant,
ou moins mal. Si quelques-uns vous disent le
contraire, ils n'ont pas, comme moi, compulsé
tous les registres de l'histoire, pour savoir à quoi

s'en tenir. Ceux qui louent le passé ne connaissent que le présent.

Ainsi de la morale, Messieurs : c'est moi qu'il en faut croire là-dessus , et non pas le procureur du Roi. J'en sais plus que lui sans nul doute, et mon autorité prévaut sur la sienne en cette matière. Pourquoi ? Par la même raison que je viens de vous dire, l'étude qui fait que j'en ai plus appris, et par d'autres raisons encore : car la morale a deux parties , la théorie et la pratique. Dans la théorie je suis plus fort que MM. les procureurs du Roi, ayant eu plus qu'eux le loisir et la volonté de méditer ce que les sages en ont écrit depuis trois mille ans jusqu'à nos jours. Mes principes..... fiez-vous-en, Messieurs, à un homme qui chaque jour lit Aristote, Plutarque , Montaigne et l'Evangile dans la langue même de Jésus-Christ. Le procureur du Roi en dirait-il autant ? lui occupé de toute autre chose ; car enfin les devoirs de sa charge, les soins toujours assez nombreux d'une louable ambition, sans laquelle on n'accepte point de tels emplois, et d'autres soins, d'autres devoirs qu'impose la société à ceux qui veulent y tenir un rang, visites, assemblées, jeu, repas, cérémonies, tant de soucis, d'amusemens laissent peu de temps à l'homme en place, pour s'appliquer à la morale que j'étudie sans distraction. Je dois la savoir, et la sais mieux, n'en doutez pas; et voilà pour la théorie. Quant à la pratique, ma vie laborieuse, studieuse, active, chose à noter, et contemplative en même temps, ma vie aux champs, libre de passions, d'intrigues, de plaisirs, de vanités, me donnerait trop d'avantages dans quelque parallèle que ce fût, et je puis, je dois même dire que je ferais honneur à ceux avec qui je me comparerais, fût-ce même avec vous, M. le procureur du Roi. Oui, sur ce banc où vous m'amenez, et où tant d'autres se sont vus condamner à des peines infâmes, sur ce banc même, je vous le dis, ma morale est au-dessus de la vôtre, à tous égards, sous quelque point de vue qu'il vous plaise de l'envisager, et si l'un de nous en devait faire des leçons à l'autre, ce ne serait pas vous qui auriez la parole; par où j'entends montrer seulement, que je ne me tiens point avili de l'espèce d'injure que je reçois, et dont la honte, s'il y en a, est et demeurera toute à ceux qui s'imagineraient m'outrager.

En effet, le monde ne s'abuse point, et les sentences des Magistrats ne sont flétrissantes qu'autant que le public les a confirmées. Caton fut condamné cinq fois; Socrate mourut comme ayant offensé la morale. Je ne suis Caton, ni Socrate, et sais de combien il s'en faut. Toutefois me voilà dans le même chemin, poursuivi par les hypocrites et les flatteurs de la puissance. Quel que soit votre arrêt, Messieurs; et ceci, j'espère, ne sera point pris en mauvaise part; oui, Messieurs, je veux qu'on le sache, et regrette qu'il n'y ait ici plus de gens à m'écouter : en respectant votre jugement, je ne l'attends pas néanmoins, pour connaître si j'ai bien fait. J'en aurais pu douter avant ce qui m'arrive, n'ayant encore que la conscience de mon intention. Mais par le mal que l'on me veut, je comprends que mon œuvre est bonne. Aussi n'aurais-je fâché personne, si personne ne m'eût applaudi. La voix publique se déclarant autant qu'elle le peut aujourd'hui, m'apprend ce que je dois penser, et ce que sans doute vous pensez avec tout le monde de l'écrit qu'on accuse devant vous. Parmi tant de gens qui l'ont lu, de tout âge, de toute condition, j'ajoute même encore, et de toute opinion, je n'ai vu nul qui ne m'en parût satisfait quant à la morale, et grâce au ciel, je suis d'un rang, d'une fortune qui ne m'exposent point à la flatterie. Une chose donc fort assurée, dont je ne puis faire aucun doute, c'est que le public m'approuve, me loue. Si vous cependant, Messieurs, me déclarez coupable, j'en souffrirai de plus d'une façon, outre le chagrin de n'avoir pu vous agréer, comme à tant d'autres, mais j'aime mieux qu'il soit ainsi, que si le contraire arrivait, et que je fusse absous par vous, coupable aux yeux de tout le monde.

Voilà ce que Paul-Louis voulait dire. Ces paroles, et d'autres qu'il eût pu ajouter, n'eussent pas été perdues peut-être; car en de tels débats, la voix de l'accusé a une grande force; mais peut-être aussi n'eût-il pas empêché par-là les jurés de le condamner, comme ils ont fait, unanimement et quasi sans délibérer, tant le fait leur parut éclairci par la lumineuse harangue de M. l'avocat-général. Le président posa deux questions : Paul-Louis est-il coupable ? Oui. Bobée est-il coupable ? Non. La Cour renvoie Bobée, condamne Paul-Louis à deux mois de prison et 200 francs d'amende. Appel en cassation. Si le pourvoi est admis, l'accusé parlera, et touchera des points qui sont encore intacts dans cette affaire vraiment curieuse.

Imprimerie de Constant-Chantpie, rue Sainte-Anne, N° 20.

LES
PASTORALES DE LONGUS,

OU

DAPHNIS ET CHLOÉ,

TRADUCTION COMPLÈTE,

PAR PAUL-LOUIS COURIER, vigneron.

ROMAN, ou plutôt poëme célèbre que Bernardin de Saint-Pierre lisait une fois tous les ans, et que Rousseau appelle chef-d'œuvre inimitable. Mais ils ne l'ont pu lire entier ni l'un ni l'autre. Car même dans le texte grec il y avait de grandes lacunes, avant que M. Courier eût découvert, en Italie, un manuscrit complet de Longus, au moyen duquel il a fait imprimer, à Rome, l'ouvrage entier en langue grecque, après quoi il a complété la version d'Amyot en y corrigeant beaucoup de fautes. Par l'extrait suivant de la Préface de M. Courier, on se fera une idée de son travail qui va paraître le 15 décembre, en un volume in-8°, avec figures lithographiées sur les dessins d'Horace Vernet.

« La version faite par Amyot des Pastorales de Longus, bien que remplie d'agrémens, comme tout le monde sait, est incomplète et inexacte : non qu'il ait eu dessein de s'écarter en rien du texte de l'auteur, mais c'est que d'abord il n'eut point l'ouvrage grec entier, dont il n'y avait en ce temps-là que des copies, fort mutilées. Car tous les anciens manuscrits de Longus ont des lacunes et des fautes considérables : et ce n'est que depuis peu qu'en en comparant plusieurs, on est parvenu à suppléer l'un par l'autre, et à donner de cet auteur un texte lisible. Puis, Amyot, lorsqu'il entreprit cette traduction, qui fut son premier ouvrage, n'était pas aussi habile qu'il le devint dans la suite ; et cela se voit en beaucoup d'endroits où il ne rend point le sens de l'auteur, partout assez clair et facile, faute de l'avoir entendu. Il y a aussi des passages qu'il a entendus et n'a point voulu traduire. Enfin il a fait ce travail avec une grande négligence, et tombe à tous coups dans des fautes que le moindre degré d'attention lui eût épargnées. De sorte qu'à vrai dire, il s'en faut de beaucoup qu'Amyot n'ait donné en français le roman de Longus. Car ce qu'il en a omis exprès, ou pour ne l'avoir point trouvé dans son manuscrit, avec ce qu'il a mal rendu par erreur ou autrement, fait en somme plus de la moitié du texte de l'auteur, dont sa version ne représente que certaines parties, des phrases, des morceaux bien traduits parmi beaucoup de contre-sens, et quelques passages rendus avec tant de grâce et de précision qu'il ne se peut rien de mieux. Aussi s'est-on appliqué à conserver avec soin dans cette nouvelle traduction jusqu'aux moindres traits d'Amyot conformes à l'original, en suppléant le reste d'après le texte tel que nous l'avons aujourd'hui ; et il semble que c'était-là tout ce qui se pouvait faire. Car de vouloir dire en d'autres termes ce qu'il avait si heureusement exprimé dans sa traduction, cela n'eût pas été raisonnable, non plus que d'y respecter ces longues traînées de langage, comme dit Montaigne, dans lesquelles croyant développer la pensée de son acteur (car il n'eut jamais d'autre but), il dit quelquefois tout le contraire, ou même ne dit rien du tout. Si quelques personnes toutefois n'approuvent pas qu'on ose toucher à cette version, depuis si long-temps admirée comme un modèle de grâce et de naïveté, on les prie de considérer que telle qu'Amyot l'a donnée, personne ne la lit maintenant. Le Longus d'Amyot, imprimé une seule fois, il y a plus de deux siècles, n'a reparu depuis qu'avec une foule de corrections, et des pages entières de supplément, ouvrage des nouveaux éditeurs qui, pour en remplir les lacunes et remédier aux contre-sens des plus palpables d'Amyot, se sont aidés comme ils ont pu d'une faible version latine, et ainsi ont fait quelque chose qui n'est ni Longus ni Amyot. C'est là ce qu'on lit aujourd'hui. Le projet n'est donc pas nouveau de retoucher la version d'Amyot ; et si on le passe à ceux-là qui n'ont pu avoir nulle idée de l'original, en fera-t-on crime à quelqu'un qui, voyant les fautes d'Amyot changées plutôt que corrigées par ses éditeurs, aura entrepris de rétablir dans cette traduction, avec le vrai sens de l'auteur, les belles et naïves expressions de son interprète. Un ouvrage, une composition, une œuvre créée ne se peut finir ni retoucher que par celui qui l'a conçue, mais il n'en va pas ainsi d'une traduction, quelque belle qu'elle soit ; et cette Vénus qu'Apelle laissa imparfaite, on eût pu la terminer, si c'eût été une copie, et la corriger même d'après l'original, etc. »

En tête de ce volume on trouvera un récit des persécutions éprouvées par M. Courier sous le gouvernement impérial à l'occasion de sa découverte d'un morceau inédit de Longus, et sa *Lettre à M. Renouard, libraire, sur une tache d'encre faite à un manuscrit de Florence*, pièce relative au même sujet et dont les exemplaires sont aujourd'hui fort rares.

De l'imprimerie de Constant-Chantpie , rue Sainte-Anne , n° 20.